U0067114

體育文化

Physical Culture

易劍東　著

孟樊　策劃

出版緣起

　　社會如同個人，個人的知識涵養如何，正可以表現出他有多少的「文化水平」（大陸的用語）；同理，一個社會到底擁有多少「文化水平」，亦可以從它的組成分子的知識能力上窺知。眾所皆知，經濟蓬勃發展，物質生活改善，並不必然意味著這樣的社會在「文化水平」上也跟著成比例的水漲船高，以台灣社會目前在這方面的表現上來看，就是這種說法的最佳實例，正因為如此，才令有識之士憂心。

　　這便是我們——特別是站在一個出版者的立場——所要擔憂的問題：「經濟的富裕是否也使台灣人民的知識能力隨之提昇了？」答案

恐怕是不太樂觀的。正因爲如此，像《文化手
邊冊》這樣的叢書才值得出版，也應該受到重
視。蓋一個社會的「文化水平」既然可以從其
成員的知識能力（廣而言之，還包括文藝涵養）
上測知，而決定社會成員的知識能力及文藝涵
養兩項至爲重要的因素，厥爲成員亦即民衆的
閱讀習慣以及出版（書報雜誌）的質與量，這
兩項因素雖互爲影響，但顯然後者實居主動的
角色，換言之，一個社會的出版事業發達與否，
以及它在出版質量上的成績如何，間接影響到
它的「文化水平」的表現。

　　那麼我們要繼續追問的是：我們的出版業
究竟繳出了什麼樣的成績單？以圖書出版來
講，我們到底出版了那些書？這個問題的答案
恐怕如前一樣也不怎麼樂觀。近年來的圖書出
版業，受到市場的影響，逐利風氣甚盛，出版
量雖然年年爬昇，但出版的品質卻令人操心；
有鑑於此，一些出版同業爲了改善出版圖書的
品質，進而提昇國人的知識能力，近幾年內前
後也陸陸續續推出不少性屬「硬調」的理論叢

書。

這些理論叢書的出現，配合國內日益改革與開放的步調，的確令人一新耳目，亦有助於讀書風氣的改善。然而，細察這些「硬調」書籍的出版與流傳，其中存在著不少問題。首先，這些書絕大多數都屬「舶來品」，不是從歐美「進口」，便是自日本飄洋過海而來，換言之，這些書多半是西書的譯著。其次，這些書亦多屬「大部頭」著作，雖是經典名著，長篇累牘，則難以卒睹。由於不是國人的著作的關係，便會產生下列三種狀況：其一，譯筆式的行文，讀來頗有不暢之感，增加瞭解上的難度；其二，書中闡述的內容，來自於不同的歷史與文化背景，如果國人對西方（日本）的背景知識不夠的話，也會使閱讀的困難度增加不少；其三，書的選題不盡然切合本地讀者的需要，自然也難以引起適度的關注。至於長篇累牘的「大部頭」著作，則嚇走了原本有心一讀的讀者，更不適合作為提昇國人知識能力的敲門磚。

基於此故，始有《文化手邊冊》叢書出版

之議，希望藉此叢書的出版，能提昇國人的知識能力，並改善淺薄的讀書風氣，而其初衷即針對上述諸項缺失而發，一來這些書文字精簡扼要，每本約在六至七萬字之間，不對一般讀者形成龐大的閱讀壓力，期能以言簡意賅的寫作方式，提綱挈領地將一門知識、一種概念或某一現象（運動）介紹給國人，打開知識進階的大門；二來叢書的選題乃依據國人的需要而設計，切合本地讀者的胃口，也兼顧到中西不同背景的差異；三來這些書原則上均由本國學者專家親自執筆，可避免譯筆的詰屈聱牙，文字通曉流暢，可讀性高。更因為它以手冊型的小開本方式推出，便於攜帶，可當案頭書讀，可當床頭書看，亦可隨手攜帶瀏覽。從另一方面看，《文化手邊冊》可以視為某類型的專業辭典或百科全書式的分冊導讀。

　　我們不諱言這套集結國人心血結晶的叢書本身所具備的使命感，企盼不管是有心還是無心的讀者，都能來「一親她的芳澤」，進而藉此提昇台灣社會的「文化水平」，在經濟長足發展

之餘，在生活條件改善之餘，在國民所得逐日上昇之餘，能因國人「文化水平」的提昇，而洗雪洋人對我們「富裕的貧窮」及「貪婪之島」之譏。無論如何，《文化手邊冊》是屬於你和我的。

孟樊

一九九三年二月於台北

緒言

　　1984年，中國大陸興起了「文化熱」。此後，法律文化、經濟文化、教育文化、宗教文化、藝術文化乃至菸文化、酒文化、茶文化、服飾文化等蓬勃興起，並且逐步進入了超出自身所在範圍的社會生活的廣泛領域中。

　　體育文化的狀況則不能同日而語。除了興起的時間晚於大多數其他文化，影響的深度和廣度也不及其他文化。從1986年底盧元鎮在江蘇的《體育與科學》雜誌發表〈體育運動的文化學斷想〉一文開始，期間大約三年的時間裡，在一定的範圍內引發了一場體育文化研究的熱潮，報刊上發表了一百篇左右有關體育文化的

文章。一些體育史學、體育美學、體育哲學、
體育社會學、體育經濟學、體育法學、體育人
類學等學科的研究人員也介入對體育文化的探
討。一批社會科學研究工作者也參與體育文化
研究的行列。馮之浚、高爾泰、金大陸、鄭也
夫等社會科學界的學者在體育報刊上撰文和體
育文化討論會上發言，與同期體育界的程志
理、解毅飛、郝勤、張爭鳴等對體育文化的研
究同聲附和，推動了中國體育文化研究的興
起。

　　但是，明確提出體育文化學概念和學科的
人很少。程志理援引國外的體育文化研究狀況
多次提出建立中國的體育文化學，解毅飛不止
一次撰文提出創立具有中國特點的體育文化
學。這一方面顯示出中國的體育文化研究客觀
上還未達到足夠形成學科的程度，另一方面也
說明研究者對體育文化學本身的認識還不夠完
整和深入，可能也與研究者的慎重態度有關。

　　除了江蘇省的《體育與科學》雜誌的「體
育文化研究」欄目外，《中國體育報》的理論版、

大陸國家體委的《體育論壇》、《體育文史》雜誌也是體育文化研究的主要陣地。陝西省的《體育世界》雜誌和北京市的《五環》雜誌也一度重視文化品味的問題。1992年，山西省體委主辦的《體育文化月刊》成為大陸發表體育文化研究成果的主要刊物。

除了發表文章以外，出版書籍和舉行體育文化研討會也是大陸體育文化研究宣傳的主要方式。80年代後期以來，一些與體育文化有關的書籍問世，如曠文楠主編的《中國武術文化概論》、郝勤的《中國古代養生文化》、喬克勤的《西北體育文化》、程大力的《中國武術——歷史與文化》、劉峻驤的《東方人體文化》等。奧林匹克研討會、體育報告文學研討會、體育影視作品研討會等與體育文化密切相關的研討會也相繼舉行。

但是，這樣的形勢並沒有持續多久。當其他文化的研究與宣傳依然形勢不減時，體育文化卻呈現出比較蕭條的景象。《體育世界》和《五環》兩雜誌的興趣從較高的文化品味轉向

宣傳足球、籃球等比較容易市場化的內容，唯
一以宣傳體育文化為目的的《體育文化月刊》
雖然堅持登載了不少學術性較強的體育文化文
章，但由於受市場經濟的強烈衝擊，該刊面臨
的形勢十分嚴峻。在全國讀者甚多的《中國體
育報》於1997年在每周五開設「體育文化」專
版，但是編者似乎認為只有作家和社會科學研
究人員才配談體育文化（登載的大量文章的作
者都是作家），這將體育文化的宣傳導向了一
個高不可攀的誤區，因此其號召力不足。

　　不難看出，到了90年代，中國大陸一度興
盛的體育文化討論開始明顯降溫，雖然仍有一
些零星的有關文章發表，但「體育文化」的聲
息顯然是越來越小了，與同期依然執著探討和
研究的其他部門和領域文化相比，體育文化的
探究顯得非常冷清。

　　不僅如此，在三年多的體育文化討論中，
參與的人員以社會科學界和體育理論界人士為
主，大量的體育實際工作者，尤其是體育官員、
教練、運動員並未聞到「體育文化」的味道。

他們不僅很少有人知道什麼是「體育文化」，就連其他領域動輒嘴邊喊一聲「文化」的時髦也沒有跟上。而與此同時，在體育管理者、教練和運動員中的反體育文化、逆體育文化的現象層出不窮。

可見，體育文化的討論僅僅局限在少數人的頭腦裡和稿紙上，它並沒有引發像其他諸如酒文化、茶文化一般的社會反響。

臺灣的體育文化研究起步是比較早的，可惜沒有引起足夠的重視，因此出現的成果如鳳毛麟角。由臺灣教育部體育大辭典編訂委員會編訂，臺灣商務印書館股份有限公司1984年5月初版的《體育大辭典》就探討了與「體育文化」有關的幾個概念。在「理論類」的「體育社會學」項目中，「身體文化」（physical culture）被解釋為「身體文化是與運動文化（sport culture）極為相似的用語，在東歐國家使用極為普遍。目前所謂的身體文化，只可說是比運動文化更廣的一種籠統概念。簡單的說，身體文化是指身體與社會有關的全面而言。身體文化可

以說包含了運動文化，但實質上運動（sport）所占的比重是極大的。運動文化是以運動為著眼點，身體文化是以身體為其著眼點，它包含了保健與衛生在內。」這說法與大陸1987年發表的文章的認識是契合的。「運動文化」也得到了解釋：「是指身體運動的文化領域而言，是無法很明顯地說出其概念來的。但是現代生活中，運動的重要性，已被很多人所接受，且已形成獨自的生活方式。這種身體活動的文化領域，以運動文化來加以理解的話，應該是適當而且重要的。人類至目前的社會生活中，為了解決身體、應當或其他生活上的問題，利用了種種的辦法，創出了各種各樣的運動形態與方式，且經過了時間的推演，及社會的變遷，或予以淘汰，或予以積存下來。這就是運動的樣式、理論、理念及思想，進而形成一種獨自的語言、設備、器材等，那麼運動文化可說包含了這些。」這樣的認識在今天看來仍是比較貼切的。

此外，該《體育大辭典》還對「運動文化

的結構體系」(the system of sports culture construction) 作了揭示：「運動文化的結構可分成四種體系：(1)價值與觀念體系，是說明運動文化存在正當化，及強調其獨立性等觀念的建立，如業餘精神之思想等。(2)規範體系，是說明實施運動時要遵從的法則、道德、習慣、規則等問題，如公平競爭等。(3)技術體系，是說明表現在各種運動中的行為樣式，如各種運動項目的名稱。(4)物的事項，是說明有關運動場地、設備、器材、衣服及有關的語言等，該結構的具體內容，較無體系，是今後研究的課題。」這樣的闡釋顯示出臺灣的研究者對體育文化的認識是比較深刻和細膩的。

　　但持續時間太短和影響廣度與深度不足的狀況足以說明，大陸和臺灣在對體育文化的研究與宣傳中都存在一些問題。

　　大陸體育文化討論中的許多問題其實是關係到體育理論和現實的，也是具有廣泛社會意義的。如運動員的文化修養、體育道德問題，中國婦女競技體育突起的原因分析、影響中國

競技體育的傳統文化因素探討、體育異化問題的研究等，都具有吸引社會各界人士的地方。這樣的問題不僅是體育界內人士關心的，而且是一般民眾感興趣的。

這些問題曾經在大陸體育界內外的一些人群中引起了不小的反響，但遺憾的是，這些問題雖然被一些有識之士提出來了，但並沒有導入科學和嚴密的研究程序中，許多探討這些問題的文章在理論闡釋方面用勁太多，在實證和調查方面下的功夫不夠，使得許多活生生的話題變得過於嚴肅，「板著臉孔說話」的許多文章可讀性不強。「學術後」（將深刻的學術思想透過樸素明晰的言語表達出來）的思想意識不足，造成一些本來有趣的話題變得索然無味。這實際上造成的是一種對大多數讀者的冷落。

不少人研究體育文化問題時將精力更多地投向歷史上過去的體育文化，而不關注現實、聯繫實際，開口一個「孔子」，閉口一個「莊子」，全然沒有關心群眾的體育文化意識是否有了提高、多少運動員退役後找不到職業、學

生的身體狀況惡化了這些最切實需要解決的問
題。我們不否定，也不排除研究孔子體育思想
和莊子養生主張的必要性，但大家一窩峰去「沾
古人的光」，有誰去關心普通民眾的體育生活
呢？這更是一種對民眾體育文化的冷落。

　　還有一些體育文化研究者熱衷於說三道
四，對古代和現代的體育文化一律看不慣，這
裡批評幾句，那裡譴責幾聲，就是提不出一條
建設性意見。說運動員文化素養低不行，可是
不去研究如何提高運動員的文化水準；說運動
員違規用藥不應該，可是無法提出減少這種行
為的辦法。這樣的研究可能一時會迎合群眾的
口味，時間一長就會讓讀者感到無趣。

　　當然，三年多的集中研究以及此後的零星
研究還是取得了一些成果的。對歷史上體育文
化的研究，為繼承體育文化傳統積累了歷史資
料和思想材料；對體育文化概念及其分類、特
性等問題的探討，拓展了人們思考體育的視
角；對國外體育文化理論的引進，活躍了人們
的思維；對現實中一些體育熱門問題的爭論，

啓發了人們的智慧；臺灣對體育文化相關名詞
的比較準確的定義，爲今後研究打下了基礎等
等。這些成果一直延續到90年代至今的中國體
育文化研究中，並且爲今日和未來體育文化研
究奠定了基礎。

　　然而，理論研究不足的一些弊端還是不可
避免地在實際工作者的實踐中反映出來。

　　社會傳統觀念認爲：從事體育的人「頭腦
簡單，四肢發達」，缺乏文化意識。這種錯誤觀
念沒有得到應有的批判，造成學校裡體育課的
作用還沒有被充分認識。體育發展是不斷「文
化」（使……具有文化性）的過程，體育知識和
技能具有很強的歷史繼承性。這樣的認識沒有
得到廣泛宣傳，使得大量的體育工作者不重視
對前人和他人體育技能和觀念的學習。體育是
一種超越物質功利性的創造精神價值的社會文
化活動，具有填平人們感性和理性鴻溝的獨特
作用。這類觀點沒有得到應有的重視，形成人
們把競技體育的競爭看成是國力甚至國家聲望
較量的偏狹認識。漢城奧運會以後大陸國民的

心態急遽變化，說明人們更多地從政治視角看體育而不是從文化角度看體育，缺乏體育文化應有的遊戲心態。

體育新聞界的從業人員也出現諸多與體育文化相悖或不相符的言論。一些記者的體育歷史知識貧乏，在寫作中隨意發揮，一些解說員對體育規則與常識理解不準確，在宣傳中出現諸多錯誤。這樣的反體育文化現象的屢次出現，不能不說與體育文化研究的不足沒有關係。

隨意使用「體育文化」的現象更是比較普遍地出現。在研究人員還沒有來得及對「體育文化」這個概念進行科學和細緻的探討時，一些性急的記者和編輯似乎已經領略了體育文化的真義，迫不及待地加入了濫用「體育文化」的行列。尤其在80年代後期，當不少普通民眾還沒有反應過來之時，「體育文化」已經堂而皇之地走上了各類報刊和各級會議，於是，體育文化一度在表面十分熱門和時髦，群眾也漸漸地聽膩了「體育文化」。正當他們需要進一步深

入瞭解體育文化的確切涵義時，理論和宣傳的
實際情況並不令人樂觀。誇張一點說，體育文
化好似夏日的一陣涼風，讓人享受了片刻的淸
涼；當人們希望站在秋風中收獲果實時，得到
的卻是一無所有。

　　緊跟時代潮流的出版界也對體育文化有些
茫然。80年代後期，90年代初期以來，文化研
究熱潮興起，諸多文化叢書出版，中國經濟出
版社於90年代推出的「雅俗文化書系」包含了
賞鑒類、雅俗類、江湖類、閒情類，其中有專
門的《武俠文化》一書，卻沒有《體育文化》
一書。此外，武術史、武俠史、武術文化、武
俠文化、民間遊戲與競技、養生文化等書籍的
出版也很興盛，但仍然沒有見到一本以《體育
文化》爲書名的書籍。可見，出版界也沒有人
將「體育文化」作爲一個獨立而專門的領域從
事研究工作，他們可能也沒有辦法找到寫作《體
育文化》一書的作者。當然，出版界的這種對
體育文化的冷落不僅是主觀意識所爲，也是理
論界體育文化研究不夠系統與深入的客觀狀況

的折射和反映。

所以，當我們對開創體育文化研究和宣傳的人們懷著感激之情的同時，我們的心頭又不得不湧起幾絲悲涼。「體育文化」應該有它更美好的前途。

正是在這樣的背景下，筆者敢爲天下先，斗膽提筆寫下了《體育文化》一書。俗話說：「開風氣者不爲師」，不想充當什麼體育文化的先鋒，唯願喚起民衆對體育文化的眞切關注，不想構建什麼完善的體育文化體系，唯願揭示出體育文化展示出的面貌和應該展現出的風采。

筆者的研究基於目前已經基本具備了將體育文化作爲一個專門領域進行研究的條件。

一是體育文化的內涵和外延越來越清晰，在社會文化中的地位與作用日益獨特與鮮明。

二是體育文化研究者的既有成果和大量的文化研究成果，如音樂文化、舞蹈文化等同級文化比較發達，提供了動力支持和思考依據，軍事文化、商業文化、飲食文化、服飾文化等

可以爲體育文化研究起到借鏡作用。

　　三是體育運動的發展越來越鮮明地顯示出文化內涵與功效，與藝術的交融，對社會文化的積極作用，對物質文明和精神風貌的促進作用日漸顯著，要求作出理論的解釋和說明。

　　寫作本書的目的是：

1. 力圖增進人們對體育本質及其意義的整體把握。文化是人類把握世界的獨特方式，這是人類一切文化活動都包括和體現的，人類借助於人的方式——文化，才能進入實踐過程，才能充當實踐主體，使人眞正地占有自己的本質，從而獲得提升和解放。體育文化不僅具有健身和教育功能，而且是人類生存、自我改造、精神活動、傳播與教化的必須。

2. 力爭使體育發展的動力源泉和根本途徑得到合理闡釋。人爲需要是社會發展的動力，人的欲望是歷史發展的動力。滿足人的需要及滿足程度乃屬於文化學的

　　研究範疇，屬於文化的價值世界和意義
　　世界。可見，推動體育發展的動力源泉
　　和根本途徑，就內含在體育中的體育文
　　化，它促使人在活動中獲得昇華與超
　　越。

3.力求使體育中的各種關係和規律得到更
　　加完整的揭示。體育是以人的生命意志
　　面對未來的目標，是以人的運動作為手
　　段，來實現生命的創造和追求生命完美
　　的存在。體育是在用體育文化這種特殊
　　的方式回答著體育中所有關係的諸多問
　　題。

　　如果讀者能在書中感受到哪怕只是一絲新
鮮的體育文化氣息，筆者將深感欣慰。如果讀
者能從書裡明白一些體育文化事理，筆者也不
會把它視為一種奢望。

　　司馬蓉在〈體育走向文化的基點──兼評
阿部忍教授的體育哲學〉(江蘇《體育與科學》，
1994年第3期) 一文篇首即提出：「體育再也不

應被視爲四肢發達、頭腦簡單的粗鄙遊戲了，它應躋身於哲學、美學、文化人類學的行列。這恐怕是當今所有的體育界有識之士的心靈呼喚。」

我們正在把體育納入文化學的視角來審視。

易劍東

目　錄

第一章
體育為什麼是一種文化

一、體育具有文化內涵與性質

㈠從體育與人類的關係角度看體育文化

　　人類文化的作用對象不外乎自然、社會和人，因此對文化的把握必須建立在這三者與人的關係基礎上。體育文化作為人類文明的標誌和發展方向，其根本的核心和靈魂在於改造人。因此，審視體育的文化內涵必須考察它與人類的關係。

體育文化是人類把握世界的獨特方式

　　文化是人在物質和精神生產領域中一切創
造性活動的總和，既表現爲在物質和精神生產
中創造性的方式，也表現爲在傳播和使用物質
中精神方面有重大價值的典型方式。這種整
體、全面、歷史的文化觀念使人類把握世界方
式進一步發展。以改造人爲核心的體育把對物
的改造發展到一個嶄新的階段。它不直接創造
物質產品，但對體育的追求不僅使得體育產業
成爲一個大有前途的生產部門，而且使得體育
改造人的身體和精神的價值得以更充分和完善
的發揮。它對物質和精神生產方式的進步作用
在於，它不僅創造了一個由人的精神需要而非
物質需要帶來的產業，而且這種產業對生產的
要求促進了物質生產技術的改進和精神生產水
準的提高。高科技的體育器材和設施，高知識
密集度的體育培訓和服務，將人類將世界的把
握方式進行了合乎體育文化要求的改造。當
前，圍繞體育文化、與體育文化有機結合來展
開人類的各類活動，已經逐步成爲一種時尚，

它使得體育文化對人類把握世界的整體能力和
方式都有了前所未有的進步。

　　第一，體育無疑是人類自我控制和調節機
能的一種形式，最基本的手段是透過體育活動
對人體機能進行再創造，從而改善人類自身。
在這個過程中，其實也蘊涵著人類自身合乎理
性的躍進。它不僅在體育的目標下透過對自然
界的活動把自己與其他生物區別開來，並在這
種對象性活動中肯定自己全面的本質。同時，
人在其生理的層面上，外在地與自然界發生了
物質的交往，從而形成了人的物質活動。早期
的身體活動旣創造勞動工具，又創造可以轉化
爲體育器械的弓箭等物質產品。此後的體育發
展依然推動了物質生產的發展。

　　第二，人的自然屬性作爲人的本質力量的
一部分，促使人們追求並占有對象，在對象中
實現自己，使人具備了追求的內在動力。體育
透過改善人的身心發展狀況和提高人對自然的
控制能力，爲人的生存和發展需要創造雙重條
件。它是人對對象世界的認識、改造所賦予的

人的自然屬性，不僅是掌握自然的人的活動，
而且是把握自身並使之對象化的活動。

體育文化是人類社會存在的復合條件

　　人的世界是人類活動所創造的，人爲的世
界，是一個社會的網絡系統，同時是文化作爲
其內在動力和標誌，使得社會能夠完整和健康
地存在。人類從一開始起就必須進行群居才能
生存，社會性是人類和人類文化得以存在的必
要條件，這使得作爲人類社會發展的促進因素
的體育活動，也具備了鮮明的社會性。

　　首先，人在生理體質上的纖弱性，使人只
能以群體的形式在自然界中進行生命活動。早
期的身體活動不僅要服從於個體與動物和自然
力量對抗的需要，還要有利於群體鬥爭能力的
提高。體育文化作爲以提高人的肉體能力爲基
本任務的文化，在不同的時代都對提高人的生
存、發展能力具有其他文化難以替代的作用。

　　其次，人的社會性在發展中成爲一種文化
本能，表現爲理性、道德和社會意識。體育文

化的導向、控制、協調作用在此十分鮮明。群衆體育活動對於社會交往、娛樂、健身等的促進也具有社會性，競技體育對於娛樂、自我實現、超越等意識的展現也非常直觀和顯性。透過傳媒等展示的體育道德、體育精神、體育價值觀念等，更成爲社會意識形態領域中最有特色的部分。

　　最後，體育文化促使人的自然屬性與社會屬性達到統一。自然性往往衝擊理性規範，產生情與理、靈與肉的衝突，體育對於緩衝其矛盾具有重要作用。足球運動員在場上的暴力行爲不可能沒有社會行動的制約，足球裁判員的舞弊行爲也時刻受到來自社會的關注。這說明社會性的體育活動使得其中發生的個人與他人、個體與群體、群體與群體之間的關係達到和諧，並且影響到其他人類活動的人際關係。

體育文化是人類自我相關的中介系統

　　文化創造不僅要創造獲得對象性活動的產物，還要使這些產物能夠成爲人類再次活動的

中介——客觀的前提條件、思想和物質的工具
系統，以及其他必要的達到目的的手段。人的
身心和諧發展以及人類文化的傳承，都不可能
脫離人類在各類活動的身心和諧。

　　第一，體育文化創造的能力其實是人的物
化自然能力的特殊部分，在人的精神領域中具
有獨特的地位，體育能力的直觀象徵在人的精
神領域中也作用明顯。體育文化的發展透過活
動的直觀和激越以及場面的宏大、力度的深遠
等，推動人的精神得到極具價值的進步和昇
華。

　　第二，體育文化促進人的物質活動和精神
活動聯繫緊密。一方面，體育以人的身體完善
爲基本目標，爲人類的精神活動提供最根本的
物質基礎。另一方面，體育對人的心理和精神
進行全面鍛造，使人類的無畏、果敢、勇毅等
優良素質得到提高，這是人類進行物質活動的
最基本的精神要求。體育活動不僅改造物質世
界，而且改造精神世界，並且使人的生命活動
在物質和精神領域實現有機的溝通。

　　綜上所述，體育活動的目的性和規律性的發展導向體育文化，體育文化是指體育實踐過程中那些遵循、遺傳、創造的各種方式和途徑。我們可以也有必要把體育實踐過程看作是體育文化過程，體育實踐強調人的生命力量的盡量發揮，從而達到對象性與非對象性的統一、自然性和社會性的合一、主體性和客體性的同一，體育文化則使這種發揮更加廣泛和直觀，而且恰到好處，這說明體育文化和體育文化的創造本身離不開體育實踐的根基。

　　值得強調的是，體育文化直接以自我身心爲行爲客體和改造對象，還幾乎將文化觸角伸向社會文化的全部領域，因此，體育文化對於發揮人的主體精神具有無可比擬的價值。一方面，體育文化透過鍛造身心健康的人和積極向上的社會精神風貌爲人的主體性提供良好的前提條件；另一方面，體育文化堅持反對和排斥非文明、反文明的體育形式和思想，使人的主體性受到制約，抑制人的主體性的無限制發揮，而將人類行爲和思想導向文明的範疇。這

說明體育文化的實現程度、實施範圍內與人類
文明的演進息息相關。它不僅在物質上，而且
在制度上，還在精神上滋養、完善、推進著人
類。它為人類提供的基本物質產品是完善發展
的人的身體，它所表現出的基本精神產品則是
人的智慧。可以說，體育文化看似一種體力和
物質成果，其實是一種智力和精神財富。

㈡從體育與文化的關係角度看體育文化

文化概念與文化規律的體現

　　體育活動以強身健體為基本目的，體育文
化則是在這種活動中形成、為順應和滿足這種
活動的需要而創造的一切物質的和精神的設
施，包括與之相應的社會結構及規範這種活動
的各種規定、紀律、制度、思想意識、倫理道
德、審美觀念，還包含為促進這一切所進行的
各種研究。

　　這樣的體育文化概念界定十分合乎文化的
概念。文化是人類創造的所有物質財富和精神
財富的總和，是人類有意識地發展和完善自身

以及自身周圍環境而創造出的各種成果的總
稱。人類活動是人類文明的結果，是人類文化
的產物。文化的目的是指引人類活動向著合乎
人類理性與自然規律的方向發展，是客觀自然
的歷史進程與人類主觀願望的完美統一。

　　從體育文化和體育的概念比較中可以看
出，體育文化正是人類順應和滿足自身身心完
善需要而創造出的成果。它符合人類文化概念
中幾個基本要素：人類活動爲基礎、人類活動
的合理導向、人類需要爲基礎、人類需要的合
理滿足、人類文明的成果、人類創造的整體展
示。

　　文化要求人類活動和人類文明的發展趨向
合理和有序，努力反對和消除阻礙人類文化進
步的非文化、逆文化、反文化現象和思想，在
追求人類進步的過程中體現出人類鮮明的價值
取向和情感趨向。因此，在人類「文化」的進
程中，不僅存在文化和非文化，還有文化與非
文化的激烈對抗和鬥爭。

　　體育文化對這一文化基本規律的體現是顯

性和直觀的。體育文化追求身心全面發展。群
眾體育把身心健康視為基本目標，利用一切手
段和方法來滿足這一人類亙古的需要。人類創
造出無數養生、娛樂體育項目，制定大量為體
育活動服務的規章制度，形成流芳千古的長壽
健康思想，全面展示自己透過體育活動追求健
康的美好欲望。與此同時，一切違背人類這一
願望的活動、制度和思想都難以占據人類文化
的主流，即使占據了主流也難以真正融入歷史
長河中人類的真善美之中。其中，有些與人類
健康原理和規律不符的行為和思想本身就是人
類追求健身帶來的消極附屬物，必將為歷史所
淘汰。

　　競技體育文化對人類積極文化取向的規律
的體現更是鮮明而突出的。儘管競技體育並不
承諾健康，但它作為人類精神領域的一面旗
幟，追求和創造勇敢、頑強、堅韌、團結、拼
搏、進取、競爭、容忍等人類精神特質，適應
和滿足人類從事其他幾乎所有活動的要求。競
技體育由於往往處於社會關注的焦點，而且自

身要求公平、公正、公開，因此更加注重打擊
和反對違背其原則和規律的一切行為和思想，
成為發揚人類理性的楷模。

文化現象與文化特徵的體現

　　文化既是一種社會現象，又是一種歷史現
象。在人類發展的三向度的立體網絡體系中，
歷史表現時間和縱向發展序列，社會展示空間
和橫向發展格局，文化則孕育內在和核心的發
展動力，現出十分複雜的現象和特徵。

　　作為文化的一種，體育文化也是極其多樣
化的，體育文化現象也紛繁複雜地展現在人類
文明的各個歷史時段、各個社會空間、各個文
化向度中。從原始的石球遊戲和飛石索到明代
的各種武術器械，從原始的傳習場所「大房子」
到當今極具現代化的大型體育建築，從古人「萬
壽無疆」的夢想到今人健康長壽的願望，體育
文化的各種因子俯拾皆是。從五環標誌的世界
普及到裁判評分亮牌的普遍實施，從犯規、越
位說法的廣泛應用到隊長、教練稱號的多次移

植，從單個的靜坐、養生到集體成群的扭秧歌
（大陸北方民間的一種草根式樂舞）、跳健美
操，體育文化的身影隨處可見。從原始山洞的
動物刻像遺存到今天影響深遠的體育郵票、體
育雕像，從戰場上作爲武器的利劍、方天畫戟
到成爲文人配飾、軍營裝飾的寶劍、畫戟，從
節令娛樂、閒暇消遣的民族傳統龍舟、風箏遊
戲到影響波及世界的龍舟、風箏錦標賽，體育
文化的內核寓意深廣。

　　體育文化還具有人類文化的共性特徵，主
要表現在以下三個方面：

　　第一，在文化時代性的層面上，體育文化
是人類情感和靈魂的重要體現。體育文化的時
代性反映的是體育文化的內容和形式隨時代變
化而發生變化的特徵。它顯示的是世界各民族
在相同的時段裡的體育文化共同需求，是人類
情感和靈魂的重要體現。體育文化的時代性根
源於各國各民族社會生產發展的階段性。因
此，正如不能用統一的標準評價不同時代的人
類情感一樣，我們也難以用一個絕對的標準來

衡量不同時代的體育文化。如漢代和唐代的人體健美觀分別「以瘦爲美」和「以肥爲美」，這樣的情感選擇分別造成了兩個時代體育文化的差異，尤其是女性參與體育的方式和心態的差異，進而影響到兩個時代的靈魂。從今天留下的這兩個時代所表現的體育內容和其他活動的壁畫、雕塑中，都很容易看出時代的差異。

匈牙利體育史學家拉斯洛·孔在《體育運動全史》一書中描繪中世紀鄉村體育時說：「在民間遊戲和武勇練習的傳統背後，從來就隱藏有增長力量，培養靈活、速度、勇敢精神的自發的身體練習活動。」可見，即使是強大地極端仇視身心健康的中世紀西方宗教，也沒有能夠遏止在個性弘揚、個體生命能力弘揚需要原型上的狂舞精神（當然使得一些正規的和貴族化特性鮮明的體育運動難以在當時的鄉村發展）。它是體育文化時代性在中世紀的鮮明體現。

第二，在文化的民族性層面上，體育文化是人類思想和觀念的重要產物。體育文化的民

族性是指特定的民族由於生存區域、生存環
境、生產和生活方式、文化積累和傳播等的不
同而導致產生不同於其他民族的體育文化。體
育文化的民族性並非以地理或生物學的區別爲
標誌，而是建立在社會歷史和文化傳統的基本
上，其核心內容是民族的言語、心理、性格以
及在此基礎上形成的規範人格的體育文化模
式。

　　孟德斯鳩(Montesquieu)在寫給各國領導
者的信函中指出：「你們可以改變某個民族的
法律，可以左右某個民族的命運，但是可別想
碰一碰他們的遊戲。」這是認識到體育文化民
族性的一個經典的論斷。與此相應的是，在英
國的精神土壤上產生的現代足球首次光臨印度
次大陸時，在當地產生了非同尋常的影響，有
人描述其狀況說，當時的印度人目瞪口呆、百
思不解：「……一個醉漢似的，用皮紙製的怪
東西在球場上滾著，兩隊英國人個個都發瘋似
地追著以踢它一脚爲樂……令人困惑不解的
是：只有雙方站在球門邊的那兩個傢伙才可以

用手抓球，而其他人如果用手碰到球就要被罰
……而那位裁判則是個地道的瘋子，一邊發狂
地追著「圓怪物」轉，一邊手舞足蹈地大聲吆
喝著什麼……總的來說，這些英國佬們似乎都
著了邪，著了魔啦！我們印度人才不願做這類
傻事哩……」很難想像，體育文化的民族性在
英國足球與印度民族的對接中竟會產生如此強
烈的震撼。

　　中國歷史上的體育文化也曾經產生過幾乎
一樣的尷尬。在1840～1890的幾十年時間裡，
中國只有兩種人出自內心需要而從事體育，一
種是住在通商口岸的外國軍人、商人和傳敎士
等，一種是中國派出去的留學生，體育文化一
度出現畸形的發展態勢。在這裡，西方體育文
化與中國傳統體育文化的民族性衝突也是不言
而喻的，體育文化的民族性實在不容忽視，不
同的體育文化蘊涵的思想和觀念更不可不察。

　　第三，在文化的科學性層面上，體育文化
是人類智慧和理性的重要創造。體育文化的科
學性是指體育文化的產生、發展和創造必須借

助人類智慧、依靠科學進行理性指導。人體的
客觀性決定了其成長和改造規律必須依靠科學
指導。體育運動的複雜性，注定了運動成績的
突破必須建立在對人體運動規律和自然界變化
規律的科學認識和合理掌握的基礎上。

　　某些體育文化的象徵物也暗含著人類智慧
和理性的獨特創造。如奧運會的會標變化就可
以說明這一點。在1956年以前，每屆奧運會的
會標都是以人體爲圖象的。其中體操形象三次
（第五、八、十一屆），奔跑形象二次（第九、
十五屆），擲鐵餅形象二次（第七、十四屆），
女人形象二次（第一、二屆），跳高形象一次（第
四屆），吶喊形象一次（第十屆）。自從1956年
以後，奧運會的人體形象會標消失了。這反映
了人們對奧運會目的的再認識，體現了人們對
奧運會價值、功能和目的的認識和理解逐步深
刻。第二次世界大戰之前，人們大多認爲奧運
會僅僅是一個單純的運動會、組織者，尤其是
參賽者的追求健康目的壓過世界和平願望，加
上現代奧運會本身就是文藝復興和復興古代健

美人體觀念的產物，旨在弘揚人性，因此把人放在極其重要的位置上。此後，隨著奧運會的社會文化涵義逐漸豐富和世界藝術向體育界的滲透，才改變了圍繞人體來展現奧運精神的會標設計方案。這也暗合著體育文化的進步和人們體育認識水準的提高。

文化結構與文化功能的體現

　　文化是可分的，因而具有自己的結構。又由於文化結構的劃分具有客觀規律性和主觀需要性的統一特徵，因此文化結構的劃分彼此之間並不完全相同。

　　有人依據文化的表現形態把文化劃分爲外顯和內隱文化，有人依據文化的表現方式把文化劃分爲物質文化、制度文化、智能文化、觀念文化。當前比較公認的文化結構劃分是依據人類文化作用對象及其產物，把文化劃分爲三個層次，分別爲物質實踐、組織制度、思想觀念。

　　上述各種不同的文化結構劃分法都與體育

文化自身結構的劃分具有相似的特徵。在人類體育文化的整個發展過程中，外顯的體育建築和器材設施與內隱的體育思想和意識形態無時不在；體育物質器械、體育管理制度、體育技術原理、體育價值觀念無不內涵著上述第二種劃分法；至於體育器物與體育活動、體育規則與管理制度、體育意識和價值觀念等環環相扣地契合了上述第三種劃分法。

　　同樣，根據不同的角度和出發點，人們對文化功能的看法也是多種多樣的。如有人認為，文化系統的功能包括整合功能、適應功能、目標獲取功能、創造功能；有人根據文化性質認為文化功能可以分為享受和發展功能、社會化功能、控制功能。有人指出文化功能可以分為潛功能和顯功能。還有人認為，文化功能主要包括順應、滿足、創造、組織、整合、教化、選擇、向心等功能。目前幾乎所有的文化功能觀都肯定文化具有創造和超越功能。

　　誠如上述，對體育文化功能的看法實際上也是難以統一的。體育文化既不是文化與體育

活動的簡單結合與相加，也不是文化在體育領域的機械體現和作用。體育文化是社會文化在體育活動中所表明的一種獨特的文化形式、其內容與形式，結構與功能都有著特殊的規定性和表現形式。然而，若從人的主體性解釋的視角來透視體育文化的功能，不難看出，創造和超越也是體育文化最基本的功能。理由如下：

第一，體育文化功能的發揮使人的主體性實現從潛能到現實的跨越。體育對於人的潛力的挖掘過程就是體育文化功能不斷發揮的過程，這是一種對人的身體和智慧的全面超越。

第二，體育文化功能的發揮建立在不斷創造的基礎上。體育的發展是必須在傳統體育文化的基礎上對新的體育文化進行新的創造。這是一個續舊與創新的矛盾運動。體育文化就在這樣的創造中求得進步。

第三，體育文化功能的發揮就是人拓展自身活動範圍的過程。體育要求在占有自我本質的要求下把自己與自然界對象化出來，透過體育文化這個中介與自然界進行聯繫，進而提高

自己的活動能力，擴大和拓展自己的活動範圍。

　　第四，體育文化功能的發揮就是人改善自身與社會關係的過程。人類從一開始起就必須進行群居生活，體育活動作為早期基本的身體活動方式之一，對於改善人與社會的關係起了無可替代的作用。當前，體育文化在處理人的發展與社會的關係方面具有更加突出的作用，它有助於將社會的組織化與人的自由發展有機地結合起來，保證人的發展與社會發展的協調性。

　　必須指明的是，體育文化的創造和超越功能是緊密聯繫的。體育運動實質上是人類自我設計的一種錘鍊自身創造能力、進而實現對自身超越的活動。每一項體育活動並不可能直接產生物質，但人類仍然樂此不疲地參與其中，從中獲得在感性或理性的物質創造活動中無法獲得的精神享受和精神力量。從某種意義上說，每一個體育活動項目都是人類設置的障礙，從而檢驗自己超越障礙的能力。跨欄的欄

架、跳高的橫杆、籃球的籃圈、足球的球門、排球的球網、體操的器械、射擊的箭靶……無一不是考驗人類創造和超越能力的文化產物。其實，障礙的設置本身就是一種創造，如何設置障礙、設置什麼障礙，都反映了人類對自身超越能力的具體指向。快、高、強的要求，穩、準、精的需要，就是人類在體育文化中尋求和渴望超越的能力體現。

　　創造、超越還與競爭一起構成了體育文化的生命機制。競爭是體育文化創造和超越的催化劑和表現形式。其中，創造推動超越，超越需要創造；創造爲競爭提供智力支持，競爭爲創造提供展現場所；超越以競爭爲表現形式，競爭體現超越的實質。這就是體育文化產生、發展的生生不息的法則和靈魂。體育文化的超越和創造功能，就在這個系統的運作過程中得到體現。

二、體育文化在文化中具有獨特的地位

㈠體育文化在文化中占有重要的一席之地

體育文化對於人類擺脫野蠻步入文明具有舉足輕重的文化促動作用，體育文化對於人類超越生物性吸取社會性具有顯而易見的文化教化功能，體育文化對於人類不同個性和情操具有鮮明突出的文化培養功效，體育文化對於人類的情感與靈魂具有直觀顯性的文化賦予功能，體育文化對於人類各種人生觀、價值觀具有潛移默化的文化確立價值。我們甚至可以說，在人類全部生活的意義世界和價值世界裡，都可以看到體育文化的影子。

因此，體育文化在文化中具有自己獨特的歸屬。許多文化學的學者對此作過論述。

譬如李榮善即認為，廣義的文化總括人類物質生產和精神生產的能力、物質和精神的全

部產品，狹義的文化指精神生產的能力和精神產品，包括一切社會意識形式，有時又專指教育、科學、藝術、衛生、體育等方面的知識和設施，以與世界觀、政治思想、道德等意識形態相區別。在此，體育被視爲狹義文化的組成部分。

另如周洪宇等人則認爲，文化包括物質文化、制度文化、精神文化三大子系統。體育文化在這裡是物質文化的一部分，與文學、藝術、歷史、哲學等屬精神文化領域者有所區別。

還有的學者提出，在廣義和狹義之間有一個「中義」的文化，主要包括飲食文化、服飾文化、建築文化、衛生文化、體育文化、旅遊娛樂文化等。

其實，從人類各種活動作用的對象來看，體育文化自身也是一個包含了各種文化要素的完整的文化系統。人類體育活動作用於自然界，產生了體育物質文化；作用於社會，產生了體育制度文化；作用於人本身，產生了體育精神文化。

　　所以，體育文化不言而喻地在文化中占有
自己的一席之地。

㈡體育文化是人類健全文化的代表和文化進步的內核

　　體育首先使人的身體透過人們的活動發生
社會變化，然後在人的身體被納入社會關係體
系以後，便開始履行一定的社會職能並且為各
種形式的人類活動所利用，這樣便使得體育成
為人類文化。人的體育運動的積極性其實是「人
在文化領域的生動外部表現形式」，因此，我們
還可以進一步探討體育文化在人類文化中的特
殊地位。

　　李力研認為，人類自我發展有兩個重大側
面，一個是為滿足自我生存而必須的刻苦勞
動，第二個是在遊戲中的快樂和玩耍，恢復人
的天性。競技運動在遊戲的文化意義上往往充
當人類追求自由、嚮往快樂的象徵性符號，遊
戲的快樂使競技運動的寓意深刻。競技運動就
是以符號為特徵、以爭奪為語言來說明自我的

一種最有意義的高級文化遊戲。

　　其實，人們現實生活中所具有的一般只有感性的物質衝動和理性的形式衝動，而這兩種衝動是斷裂的、不和諧的、不自由的。所以，人類必須以介於感性與理性之間的自由的「遊戲衝動」作為橋樑，使之構成有機過渡的整體，從而填平人性組合間的鴻溝，以便塑造完美的人性，實現政治的自由和社會的改良。「遊戲說」在席勒的美育思想中有著極重要的社會意義，良有以也。席勒認為，遊戲就是人的審美的自由活動。在這一活動中，人可以由受自然力支配的「感性的人」，發展成為具有主動的意志和堅強的人格力量的完全自由的人。他還說：「在人的多種狀態下，正是遊戲，只有遊戲，才能使人達到完美並同時發展人的雙重天性，……如果人在滿足他的遊戲衝動的這條道路上去尋找人的美的理想，那麼人是不會迷路的」。席勒所說遊戲，絕不可與我們通常所指的那些輕薄對象等量齊觀，而是始終處於一種「愉快」、「完整」和「擴張」的自由狀態。只有它

能突破自然的物質世界的限制，實現與社會理性形式的完美的融合，塑造人的合二爲一的雙重天性，並且透過它去追求和獲得眞正的美的理想境界。

英國哲學家斯賓塞亦認爲，人類「身體的一切力量、智能、本能、嗜好，以及各種最高尙的感情，不是有利於個人的保護，就是有助於人類的生活。對於這一法則，有兩種活動——藝術和遊戲——是例外的。而且，由於這兩種活動都不必受必然性的支配，所以它們屬於一個整體」。

谷魯斯則認爲，人類的遊戲常常隨著他們的各種社會、自然和自身因素的變化而變化，而且還或明或暗地蘊含著人的功利目的。……人們常常在遊戲中透過自我炫耀等形式獲得力量的快感和感情的愉悅。遊戲發展到藝術的階段，仍然具有功利性。

可見，作爲人類滿足自身需要和把握自我的方式和手段，作爲人類在爭取生存和發展的意識支配下的文化行爲，體育文化其實具有相

當重要的文化補償價值。體育文化值得發揚的
原因，就在於它提倡進取中的道德和極力克服
儒怯、乖巧、卑劣等等缺乏競爭能力者的心態，
從而糾正人類文化心理結構中的傾斜和不平衡
狀態。

　　也正是體會到了遊戲快樂的深層涵義，黑
格爾把我們視遊戲爲玩、耍、玩耍等不正經的
東西給予了高度的評價：「不正經比正經更爲
正經。」奧運會的英文名稱是〝Olympic
Games〞，其中把〝game〞擴展爲複數，這應
該不是偶然的。

　　這種「補償價值」自身就是一種獨特的文
化價值形態。勞動限制人的自由，體育則鼓勵
人的自由活動。正如黑格爾所說：「體育，就
是透過身體的練習，把其身體轉變成精神的一
個器官，從而顯示出它的自由。」因此，像足
球這樣自由度越大的項目深受歡迎，因爲它提
供了較大的自由度。它場地大，時間長，技術
變化多端，規則簡單，這一切有利於球員主動
自由地比賽。場地大使進攻有可能持續較長的

時間，時間長使比賽不致過早中斷。因此足球比賽一旦開始，球員就可以較長時間地保持一種自由度大激起的心理解脫。

　　美國著名人類學家克魯伯認為，文化體系不僅是一種形態，而且是一套價值系統和行為模式。文化不僅具有外顯的架構，而且有無形或隱性的架構，從根本上制約和指導著人類的思維行為以及情感方式和價值觀念。因此，體育文化發展的動力還是更多地來自內部，它是人類追求進取、戰勝自我、超越自我的內心渴求和欲望。它是人們攻擊本性的行為補償，也是人類需求心理中競爭意識的滿足、個體意志的體現，更是人們行為調節的實現手段。體育不僅要實現物質和道德目的，更主要的是培養人們進取、開拓、創造、競爭、超越的文化精神，使人的需要和欲望得到完美的體現。可以說，體育的獨特作用也在於透過體育文化培養人、武裝人、塑造人、完善人。

　　值得注意的是，體育活動中也蘊涵著許多特殊的、看似不文明實則高度文明的文化意

韻。路雲亭便指出，幾乎所有的競技運動項目都是以性別的相同爲前提的，同性競技的原則是人性本能中同性相斥的自然反映；征服與反征服構成了競技體育的又一個特質，這種衝突的深層隱含著人類同類相虐的特殊文化意向；競技體育求取的是人類肉體的絕對價值，它在衝擊人體極限的無限無止的運動過程中，表現的是人對自身虐待的強烈程度與永毅精神。作爲新興的硬派藝術種類，競技體育以其巨大的衝突、野性的征殺、自我欲望的節制、絕對理性的弘揚爲其獨特的內容，也正因爲競技體育具備著這種非文明的精神，才構成了它更高意義上的眞實的文明。

第二章
什麼是體育文化

一、體育文化的概念

　　目前世界上對於文化的概念有多種說法，難以得到完全統一的看法。但是，文化的一些基本特質還是得到了大體統一的闡釋，主要體現在認可文化的超越自然的屬性、社會屬性、人類創造屬性、系統性等。

　　中國的「體育」一詞是從日本引進來的，而近代日本的體育主要來源於歐洲和美國。在長期的語詞演變和體育實踐發展過程中，目前

日本的「競技運動」一詞已經成為「體育」的上位概念，而中國則正好相反，廣義的「體育」是「競技運動」的上位概念。歐美的情形則更加複雜。第二次世界大戰以後，歐美的體育和娛樂、休閒、保健等活動逐漸融為一體，語詞也隨之發生了很大的變化。"physical education"、"physical recreation"、"physical training" 等詞已經難以概括和解釋紛繁複雜的體育實踐。尤其對於中國來說，目前很難在西方找到我們意義上的廣義的體育。因此，要在世界範圍內探討「體育文化」的概念是十分困難的。

根據英語的傳統和西方體育文化研究的實際情況，我們可以考察一下「體育文化」一詞在世界範圍內的發展變化。英文 "physical culture" 可以說是最接近中國意義上「體育文化」的語詞。儘管國內有人將其譯為「身體文化」，但經過考察可以認為是不大符合中國實際的。世界上最早出現 "physical culture" 一詞是在德國著名體育史學者菲特於1818年出版

的《體育史》一書中，他認爲這個詞指斯拉夫民族的沐浴和按摩等保健養生活動，意義顯然還不符合今天意義上的「體育文化」。上個世紀晚期，"physical culture" 一詞得到了更加廣泛地解釋和運用。法國有人認爲 "physical culture" 可以理解爲鍛鍊身體的規律；英國有學者認爲 "physical culture" 屬於人的成長過程中的教育概念，包含了身體發育過程及保健衛生內容。

　　本世紀以來，在對 "physical culture" 的多元理解基礎上逐步確立了中國意義上的「體育文化」涵義。有人認爲身體文化就是身體鍛鍊；現代奧運會的創始人法國的顧拜旦認爲，"physical culture" 是以促進健康和增強體力爲目的的身體運動體系；有人認爲 "physical culture" 是用科學和美的規律、生命的規律來解釋的文化表現體，這已經與我們所理解的體育文化十分接近了。第二次世界大戰以後的蘇聯和東歐認爲 "physical culture" 是最廣義的體育概念，屬於整個文化的一部分。這

與我們當前的廣義體育概念基本上一致。

　　國際體育名詞術語委員會主席尼古・阿萊克塞博士1974年出版的六種文字的《體育運動詞匯》包含了中文和英文，其中與中文「體育文化」對應的英文就是 "physical culture"，書中的解釋是：「廣義文化的一個組成部分（領域），它是各種利用身體練習來提高人的生物學和精神潛力的範疇、規律、制度和物質設施的總和」。今天所理解的體育文化在這裡得到了來自外文的支持。

　　所以，與中國的「體育文化」對應的英文應該是 "physical culture"。這個英文詞彙譯為「身體文化」是不貼切的。「身體文化」包括身體活動以及與身體活動有關的一切物質設施和精神文化，包含保健、養生、營養、醫療等等文化內容。「體育文化」是指作為人的以身心健康和全面發展為目的的身體運動及其相關文化體系。它與身體文化的文化容量是無法相比的。將「體育文化」一詞對應的英文定為 "physical culture"，還有一個原因，那就是目前西

方的語詞中除了〝physical culture〞一詞，還難以找到一個完全對等於我們「體育文化」的詞彙。出於中西文翻譯的一致性和對等性原則，〝physical culture〞與「體育文化」對應是可以接受的。

很有必要闡釋一下與「體育文化」密切相關的幾個詞與「體育文化」的區別與聯繫。

「競技運動文化」（sports culture）與「體育文化」。中國人基本上認為，競技運動屬於體育的一部分，因此，「體育文化」是比「競技運動文化」更加廣義的概念。換言之，「體育文化」是「競技運動文化」的上位概念。學校體育文化、社會體育文化、競技體育文化等共同構成體育文化。當然，競技體育文化不僅僅在內容上歸屬於體育文化，而且在內在的文化內涵上也起到補充和完善體育文化的作用。

「運動文化」和「體育文化」。蘇聯和東歐國家使用「運動文化」時難以確定其內涵；臺灣學者提出過「運動文化」一詞，並且作出過闡釋：人類至今的社會生活中，為了解決身體

運動或其他生活上的問題，利用種種辦法，創
造了各種各樣的運動形態與方式，且經過時間
的推演，及社會的變遷，或予以淘汰，或予以
積存，從而形成了運動的式樣、理論、理念以
及獨自的語言、設備、器材等，這就是「運動
文化」的內涵。這個「運動文化」的概念闡述
與大陸的「體育文化」是不一樣的。從雙方的
兩個不同語詞的定義中可以看出，觀點十分接
近，在闡釋文化內涵時很詳盡，只是大陸多使
用「體育文化」一詞，而臺灣多用「運動文化」
一詞。從各自的概念闡釋看，實際上兩者並不
矛盾，大陸理解的「體育文化」比臺灣的「運
動文化」的含量還要大一些。因為運動是體育
的手段，所以「體育文化」比「運動文化」更
加寬泛和綜合是可以理解的。

　　在尋找到對應的外文語詞、確立體育文化
及其相關概念的原則以後，「體育文化」概念的
確立便水到渠成。

　　體育，是人類身體運動發展的產物；是人
類脫離物質生活以外的追求身心和諧發展的實

踐活動；是人們在自我意識支配下把運動作為
一種形式和手段追求身心全面發展的一種社會
實踐活動。它與人類生活的基本要素：語言和
符號、規則和制度、技術和科學、思想和價值
等密切相關。建立在這種社會實踐基本上的體
育文化因此具有廣泛的超越物質功利性的精神
內涵，具有超越個體價值的社會性內涵，具有
超越分散狀態的系統性內涵。其基本的文化涵
義是以身體運動為基本手段，追求人身心的全
面而和諧的發展。順應這一要求和滿足這一需
要的相關人類文化要素及其與體育的關係，構
成了體育文化的內容。

　　必須指出的是，體育文化和體育是密切相
關而又有明顯區別的，不應該把二者混為一
談。體育本身是一種社會實踐活動，體育文化
則是這種活動的標誌和追求的方向。體育文化
是體育發展的合乎人類目的性和規律性的產
物。我們說一種體育活動是體育文化，嚴格意
義上是不準確的，但其中實際上蘊涵著這種體
育活動的文化涵義，顯示出我們對這種體育活

動中文化意義的認知，但在嚴格的科學意義
上，我們必須在活動以及活動的標誌和趨向的
層面上將二者區分開。正如我們嚴格地說「體
育科學不是體育」一樣，我們也可以正統地說
「體育文化不是體育」。

二、體育文化的特性

　　體育文化是一種身體文化，更是一種身體
動作文化。除了具有一般文化的特徵以外，體
育文化還有自身獨特的文化特色。

㈠體育文化是一種作用指向自身的文化

　　從一般的意義上看，人類的各種文化活
動，分別作用於自然、社會、人，由此產生物
質、制度、精神文化。農業文化和工業文化等
直接創造物質的文化主要指向物質，法律文
化、倫理等協調人際關係的文化主要指向社
會，而體育文化則主要指向自身的身體和心

理，是一種改造自身的文化類型。在這種活動中，人類並不能獲得任何可見的物質產品。獲得的只是人類的健康和精神享受等文化成果。競技體育透過超越極限和創造優異運動成績等產生愉悅和激勵等精神價值；群衆體育透過體育鍛鍊達到改善身體和心理狀況的目的。

當然，體育文化爲了達到指向自身的目的，也必然要作用於自然和社會，不過其目的是爲了更好地改善和發展人自身。

㈡體育文化是身體動作傑出的文化

幾乎所有人類的文化都需要身體的活動，其中有體力和智力活動兩大類。這些活動的產物也往往有多種不同的表現和傳承方式，如文學往往用文字來表現，藝術用音樂和繪畫作品等來表現等等。而體育文化與這些文化相比，最大的一個特點就是，它主要透過身體動作來創造、保存和傳承自身的文化成果。不同項目運動員對不同的體格有自身的要求，有些劃分體重級別的項目甚至先驗地界定了體格的差

異。同樣，體育技術的傳授也往往不用透過太
多的語言和文字便可以進行，優秀運動員比較
容易成爲優秀教練和語言不同的雙方可以互相
交流體育技藝，都說明了體育文化的這種身體
動作接觸的文化特徵。

顯然，當今的體育文化越來越不能沒有語
言和文字、電視和電影等其他文化媒體的支
持。

㈢體育文化是創造時空深廣的文化

人類文化的起點往往存在著差異，這其實
也會影響到不同文化類型實現價值的能力和範
圍。與小說、詩歌等借助語言來傳播的文化相
比，以身體活動爲基本內容的體育文化通俗易
懂；與音樂、繪畫、雕塑等透過抽象符號來表
現的文化相比，以身體文化軌跡等來展示的體
育文化也相對容易理解；與舞蹈這種用情感來
支持身體活動的藝術相比，在技術要求下來表
現動作的體育文化也具有不難理解的優勢。以
基本的身體活動爲起點，以較少情感和藝術等

要求的身體動作方式作為中介，最終指向人類
自由極其所處的社會全面發展，體育文化顯然
具有實現時空深廣的特徵。其他大多數文化的
起點比較抽象，方式上作了較大的人類思想、
情感等限制，制約了自身的參與範圍和實現力
度。

　　也正因為如此，對體育活動的方式做過多
的技術之外的不合理要求，往往會制約體育文
化實現的效果。

㈣體育文化是親和作用獨特的文化

　　體育被認為是一種身體語言、國際體育比
賽往往被譽為是「國際語言」。國際奧委會主席
薩馬蘭奇曾經指出金錢、政治、藝術、性愛、
體育是世界上的五種通用語言，並且認為體育
是最為迷人的一種。可見，體育文化的親和力
得到了人們的基本公認。這主要來源於體育文
化的身體活動特徵和直觀顯性、場面宏大等特
點。它使得體育可以超越國家、民族、階級、
宗教信仰、社會制度、意識形態等成為一種全

人類的文化現象。

當然，體育文化的親和作用不應該成爲我們貶低其價值的理由。

㈤體育文化是超越意味豐富的文化

文化是人類順應和滿足自身需要的創造物，這種創造無一不是指向更加光輝燦爛的未來，也就是說，文化的超越目標是十分豐富的。與其他文化的超越有所不同的是，體育文化由於起點是人體，活動方式是直觀顯性的身體運動和規模宏大的運動會，因此它所蘊涵的超越意識極其鮮明和突出。每一次運動競賽都存在至少三種超越的可能，一是超越自己原有的水準，二是超越對手，三是超越紀錄，甚至還要超越人類對運動成績認識的極限。每一次體育鍛鍊都也同樣存在至少三種超越，一是對自身原有身體技能和體質狀況的超越，二是對社會一般群衆體育技能和健康水準的超越，三是對同時期或地域內最高健康水準的超越，甚至還是對人類認識健康水準（如壽命）的超越。更

重要的是，這種超越雖然比較直觀，但它的社會性和精神性使得超越的內涵十分豐富和綜合。

也正因為如此，人們對參與體育競賽，僅僅強調「重在參與」，不作拼搏的行為往往是嗤之以鼻的，這種行為其實是對體育精神的褻瀆。

㈥體育文化是競爭性質鮮明的文化

競爭是體育運動的靈魂，這話絕非空穴來風。我們可以分析一下各類體育運動項目。泰拳、自由搏擊、柔道、摔跤、跆拳道項目的競爭性質是最為直接的。橄欖球、足球、籃球、水球、曲棍球等同場對抗性經常互相衝撞的項目具有競爭性也無須多言。跑步、游泳、乒乓球、羽毛球項目雖然同時運動，不直接進行身體接觸，但朝著一個優異成績的目標展現的競爭也是顯而易見的。舉重、跳高、跳水、體操、武術套路等輪流上場比賽的項目同樣在別人的成績壓力下憑添競爭的意味。至於體育活動以

外的物質競爭、智力競爭更加不可勝數。

毫無疑問，體育文化的競爭絕不只是與對手的競爭和與人的競爭，它包含著廣泛而深刻的對人類認識能力和創造能力的挑戰。

(七)體育文化是直觀展示強烈的文化

人類社會的各種文化都有自己的一套評價方式和系統。文學藝術的世界獎項的設立、科學技術的各種獎勵措施的施行，都是人類對自身的文化成果進行檢驗和評價的例證。應該說，這些評價多數是在模糊的、不直觀的判斷基礎上作出的。與之相比，體育的評價方式顯示出極其鮮明和強烈的直觀展示特性。它的公平、公正和公開的評價原則是爲此作了保證。跳水比賽的成績差異可能就在零點幾分之間，百米賽跑的差距可能就在零點零幾秒之間。但是，人們可以在很快的時間內透過評分的方式或者借助精密的儀式得到結果。

正因爲如此，破壞體育競爭原則的言行往往遭到人們的唾棄，人們在比賽場上也往往能

夠透過這種直觀展示強烈的體育文化，尋求到
生活中其他評價方式無法達到的精神滿足。

㈧體育文化是實施場面壯觀的文化

　　體育屬於每個人，因為每個人生存的基本
條件是身體的存在，並且是盡可能健康的身體
的存在。無論在自身健身需求和觀賞高水準競
技體育比賽方面，體育活動的實施場面都是壯
觀和宏大的。世界上所有的大型活動中，世界
杯足球賽和奧運會幾乎無可比擬，容納幾十萬
人的場所往往就是體育場，大規模的群眾性健
身長跑活動也在世界各地普遍存在。

　　正是由於這樣的原因，我們就不難理解有
人說出「馬拉度納比阿根廷總統更偉大」的偏
激言辭，因為，阿根廷總統可能不像馬拉度納
一樣有一個可以充分展示自我的宏大舞臺。

㈨體育文化是從屬特性突出的文化

　　體育文化的親和性、身體活動特性、實施
場面宏大特徵等，使得其自身具有比較明顯的

超脫性，較少意識形態的意味，這使得體育往往成為社會其他文化利用的對象。歷史上的政治、經濟、軍事、教育、宗教等文化形態常常將體育文化納入其自身的體系中。體育文化的獨立性與依附性就是在這樣的環境中逐步得到統一的。1971年的第三十一屆世界乒乓球錦標賽促成了中美之間的「乒乓外交」，促使了世界政治局勢的變化，這可以說是體育文化從屬性給政治帶來的積極影響。但並非所有對體育的利用都能推動體育文化的發展。奧運會歷史上的政治抵制就顯然破壞和影響了體育運動本身的發展。

　　所以，必須正確地認識體育文化的從屬特性，爭取在尋求外界力量支持的同時維護體育本身的利益。

㈩體育文化是參與方式多樣的文化

　　人類文化具有很強的選擇性，這一方面是指整個人類對自己文化方式的選擇，另一方面也包含了具體的個人對自己參與的文化方式的

選擇。並非所有的文化都會被大多數人所參與
和能夠參與。喜歡音樂的人可能很多，但懂得
五線譜的人可能少得多；喜歡文學和藝術的人
不少，但能夠直接從事文學創造甚至欣賞藝術
作品的人顯然更少。因此，這樣的文化雖然可
以吸引很多人，但它終究很難培養出大量的直
接參與乃至間接參與的人員。因為它既不容易
理解，場面規模和社會需求也不大。體育在這
些方面則具有明顯的優勢。運動員、教練、體
育教師、裁判、體育記者、體育產業工作人員
等等，都是參與者。據國際足聯主席啊維蘭熱
說，世界上圍繞足球而從業的人在三億左右，
可以想像其參與方式是如何的豐富多樣。

　　體育文化的生命力，很大程度上係於自身
規模龐大的參與群體以及多樣化的參與方式。

第三章
體育文化的歷程

一、從體育的演進歷程看體育文化因素的凝聚

㈠人的發展與體育文化發展的統一性

　　文化的產生，實質上就是人類的產生。文化產生就意味著人的結構因素的齊全和完備，標誌著人的完全形成。有文化學者認為，文化起源與人類起源基本上是一回事。可以看出人類的起源與文化的起源被認為幾乎具有一致性。

　　還有人認為：自從人類透過創造性的活動改變自然界開始，便創造了文化——人類自身，文化進化與人類進化是並行的，與人類社會和精神的進化是同一的過程。

　　由於體育文化以人為核心，將起點、實現方式和具體目標都指向人自身，因此它與人具有天然的聯繫。揭示體育文化起源的線索，首先可以而且應該從人的起源中去找。人類在自己的物質實踐和精神實踐中，在自身繁衍與人類文化的傳承、演化中，逐步孕育了體育文化的因子。

　　社會歷史哲學認為：「人類最高層次的新特點，就在於人類和外部因素的結構進展到了一個全新狀態，即從二元結構進展到三元結構，就是人——工具——對象的結構。這種三元結構是不能分解為人——工具與工具——對象兩個二元結構的，因為工具不是獨立形態的個體。主體——工具——客體，工具的作用就在於透過它而實現了主體與客體的分化和統一。主體與客體的關係越直接，客體對主體的

價值就越小。」可見，體育文化從徒手表現技
藝到使用各種體育器械甚至動物和機械來展現
體育能力，對於人類本身及其文化的發展具有
無與倫比的意義。人類歷史上不同時代出現的
體育文化形式，不管其具體的運動方式如何，
都是在這樣的演進過程中以提升人的駕馭外在
工具的能力爲目標的。體育文化在這裡其實具
有了人類綜合能力提高的象徵。

　　有一則希臘神話說，普羅米修士看到，在
地球上比之所有的動物，人最沒有力量，於是
便教給人類以各種技藝。……人只有憑藉高出
於整個動物界的智慧，創造體外文化，來得到
補償和滿足。這有兩條途徑：一方面是透過工
具的製造和使用，在器官機能上得到延伸；另
一方面又藉助原始禮儀性活動，從整體性的利
群關係上得到力量的增強。體育文化就是在人
類生存和發展的強大需求下獲得了發展和進步
的動力與源泉。

　　一位通曉多門自然科學和社會科學的著名
人類學家雅可布·布洛諾夫斯基，透過細緻而

詳盡的分析得出結論：「在人類上升的過程中，最強大的動力是人從施展自己的技能中獲得的無窮樂趣。」這對於體育文化來說是何等巨大的發展動力。

綜合人類的發展歷程，可以看出，從人科生物進化爲原始體育文化起源奠定生物學前提，到原始人群和血緣家族的集體傳習活動爲原始體育文化起源奠定了社會學前提；從天然工具的使用到人工工具的製造和使用創造了原始體育文化起源的物質前提，到原始崇拜的發生與巫術祭祀的出現孕育了原始體育文化起源的精神前提。體育文化與人類同步進化，息息相關。

在下列的邏輯序列裡，我們可以看到體育文化發展的歷史足跡。

第一，在人類不斷進化的思維觀念上，是在歷史上的體育活動中，人類從近乎自然意識到自覺意識的進化，促生了體育文化。

第二，在意識體育形態的物質基礎的逐步豐富方面，是部分工具從其多功能的形式，向

體育方式的單一器械功能轉化，以及專門體育
設施的出現。

　　第三，在體育的活動內容和形式上，是由
初期的形式單一的活動內容，向後來成熟的具
有多種形式和豐富內容的體育文化體系的方向
發展。

　　第四，在體育形態的完善程度上，是由初
期的與其他文化形態的混合發展，向後來日漸
具有獨立性因素的文化類型演進。

㈡從人類社會的演進看體育文化的歷程

　　在自然經濟時代，人群內部人與人之間及
人群與外部自然環境之間的關係相對穩定，隨
著生產能力的增強使人類生活的質量和數量都
有了改進，閒暇時間也隨之增多，技術的進步
和國家的產生造成了專門從事藝術和軍事的職
業人士。相對自立的家庭、家族、村落、莊園
等也造成了自然經濟社會中人們在空間結構上
的封閉性和時間結構上的簡單重複性，由此形
成了傳統體育生活方式中體育活動的地域性和

民俗性，體育組織結構和運行中的宗法性、血
緣性以及對軍事和宗教等的依附性。工業社會
驟然加快了社會生活變革的進程，完全改變了
體育生活的面貌，大範圍的頻繁交往，高度普
遍化和個性化，文化教育高度發達以及普及的
社會生活。

　　近代科學的進步使得人的身體、人的生
活、人的運動成為科學研究的對象，為體育文
化的發展奠定了堅實的理論基礎。國家生活的
主體由少數貴族轉變為大多數民眾，使得現代
體育的生存和發展擁有了更加完備的基礎。體
育不僅僅限於貴族圈子和民俗的一部分，而是
逐步走向世界。

　　近代文藝復興運動中的人文主義者提出一
個口號：向生命索取它所能提供的一切東西。
這是現代體育文化發展的思想基礎。直到今
天，人文主義的大旗在體育界還一直為許多有
識之士所高揚。

　　今天，體育文化的原始性已經消失，現代
性日漸豐滿；原始的平等性雖然已經不再有它

的一席之地，但新式的民主和平等觀念已經深
入人心；原始的經驗性和模糊性雖然還有遺
存，但科學和理性的光芒已經照臨這片體育文
化的大地；原始社會體育文化的漸進性雖然時
有所現，但曲折中的前進正在成爲體育文化向
前發展的邏輯理念。

　　從民間遊戲和競技的整理與改造階段到業
餘和職業體育俱樂部的產生；從國家單項體育
協會和國家聯合會的出現到國際單項體育組織
與國際綜合性體育組織的建立，現代體育伴隨
著現代社會走過了一段不平凡的里程。在這個
過程中，工業革命爲體育傳播提供了強大的能
量，世界各國的經濟發展推動了體育傳播的廣
泛和深入，政治和經濟需要成爲現代體育傳播
的推動器，而日新月異的傳播媒介的發展也加
速了體育傳播的速度。

　　體育文化就是這樣經由社會的推動進入了
現代文明的行列中，並且成爲一種獨具魅力的
文化生力軍。

二、從體育的邏輯演變看體育文化特質的整合

在當今人類的社會文化寶庫中，科學、哲學、藝術以其獨特的地位和價值逐步成為人們知識結構中不可缺少的組成部分，不少學者甚至把它們提升到人類把握世界的方式層面上。體育文化作為人類健全體育的典型代表，同樣不能沒有這些人類成果的薰染與把握方式的鍛造。

近代以來，體育在自然科學的層面上被表述為大肌肉的運動，從人體生理學到運動生理學，從生物力學到運動生產力學，人類對體育的認識一直停留在「科學」的層面上，生物學、物理學等西方現代自然科學是其基礎。然而，隨著社會文化的發展，體育逐漸吸取了教育學、哲學、社會學、人類學、美學、心理學等方面的成果，其社會科學的某些性質被人們所認識，人類教育方式和社會現象因而也成為對

體育的表述。不過，直到第二次世界大戰，體
育的教育性和社會性才逐漸擺脫肌體運動的原
始體育認識的束縛。第二次世界大戰以後，體
育的文化特性開始在社會文化的實踐和理論背
景下得到認識。越來越多的研究者把體育表述
爲社會文化活動，體育的人文意蘊初見端倪。
最近十多年來，體育與藝術的交融互滲爲人類
從更高的「藝術」層面思考體育的特質提供了
條件，使體育的人文形象逐漸豐滿。

　　體育的人文內涵和文化特性並不是我們強
加給它的，它其實無論在形而上與形而下的層
面上都標示了自身與人類精神實質的契合。人
們可以在各種不同的層次上對其進行哲學思
考。許多風馬牛不相及的社會現象和自然現象
在精神本質上，即最一般的哲學抽象層次上是
一致的，甚至是同一的。精神實質上的暗合，
是因爲社會和自然各結構元素之間不是孤立存
在的，往往在其發展過程中是有機的整體之部
分，也就是說，這種一致性或同一性集中表現
在某種特定過程的集合體中；另外，這種一致

性或同一性的認識基礎是比較的結果和價值的認同。比較作爲價值的體現，它是最普遍的社會人的行爲——心理基礎，體育，正是在比較與過程這種最一般的意義上，體現出其哲學本質和文化內涵。這種比較與過程，是以競爭爲外在形式的，而競爭是以人的受規則限制的活動爲其本質的，人的本質力量競爭中的再現是主體人的體育意識。如果我們僅僅將眼光停留在體育運動的表面，我們就無法從精神實質的視角來窺測它的文化涵義，自然更無法在實際工作中樹立體育的人文觀念。

透過對人類體育認識史和人類體育文化的發展邏輯的簡單回顧，不難看出，體育在自己的發展過程中不斷獲得來自其他人類文化成果的撫育與薰陶。對於體育的技術和生物運動特色、教育和社會特性的認識已經基本完成。當前，體育正處於文化向藝術過渡的階段。也就是說，體育的生物物理觀、教育社會觀正在向文化藝術觀過渡（當然是一種揚棄）。這是體育本身合規律性發展和人類體育認識合目的性發

展的結果。

　　在這樣一個關鍵的高度知識化的轉型期，迫切需要從事體育工作的人們增加人文知識儲備、改善知識體系結構、更新思維方式、轉變體育觀念。無論是體育院校師生和體育部門工作人員，還是體育新聞工作者和一般的體育愛好者，都需要在社會文化轉型的關鍵時刻接受對體育的人文鍛造，否則，便會喪失對轉型時期體育特質的把握機會。這不應該是簡單地引入體育人文知識，增加體育人文社會科學知識的含量，更重要的是培養人們「以文化看體育」的思想意識和習慣，進而轉變思維、把握操作體育的視角。

　　不久前，中國大陸國務院學位委員會把整個體育科學體系劃分為體育社會人文學科、人體運動科學、體育教學與訓練、民族傳統體育四大學科門類，與傳統的體育科學劃分類別相比，體育社會人文學科的地位尤其引人注目，它顯示了學科管理者對體育認識發展現狀和階段的準確把握，對於我們轉變體育觀念和調整

體育人才培養方向，具有重要的指導意義，對台灣而言，不無參考價值。

近年來，中國大陸的許多大專院校的理工科系也在提倡人文教育，學術界也一直在進行著有關科學精神與人文精神的討論，雖然最近這場討論基本歸於平息，但是其基本共識已經得出，那就是對於學習任何學科知識的人來說，科學思維的培養與人文精神的鍛造缺一不可。在以前體育本身一直強調技術和生物運動特色、教育和社會特性，而文化特性則基本上附屬於社會性之下，至於藝術層面的認識就更難以企及。尤其是長期以來的認識局限，影響了人們對固有的體育認識的跨越，這不能不引起我們的注意。

1997年6月4日，同濟大學校長吳啓迪在接受記者採訪時說：「一個受過高等教育的人，不管他學什麼專業，都應該在哲學、語言、文學、藝術、歷史等領域，有較豐富的知識和修養」，「對於理工科系的大學生而言，就是要實行人文教育與專業教育的整合，學習經濟、歷

史、管理、社會、法律、語言等人文社會科學
的課程」。

　　在這樣的背景下，體育應該作出毫不猶豫
的人文選擇，以一縷清新的人文之風撫慰人們
在傳統的體育認識領域裡已顯疲憊的心靈。因
為，無論從體育自身發展的邏輯和人類認識體
育的邏輯出發，我們都沒有理由僅僅把體育看
作一種生物活動、物理運動、教育行為、社會
活動，因為體育已經實實在在地進入了人類文
化活動和文化審視視野中。

第四章
體育文化的內部結構

　　作爲社會文化系統的子系統，體育文化不僅自身從邏輯上是可分的，而且它與本系統外部環境的關係也是可以而且必須認識的。體育文化就是在本系統內部結構運動以及與外部環境的關係運動中向前發展的。沒有一個自身內部完全不作結構運動的文化，也沒有一個不與外界發生聯繫的文化。文化可以分爲文化現象和文化結構兩個層次，文化現象指不同民族和時代的人們所創造的各種文化形式，是各門具體科學研究的對象。文化結構則可以分爲具體文化結構和抽象文化結構。具體文化結構是人類歷史的特定時代、某一民族的語言、習俗、

意識形態等的總和，是人類學、社會學、民族學等的研究對象。抽象文化結構則是對具體文化結構進行抽象得出的最一般的智力結構行為模式，屬於文化學的研究對象。體育文化的結構也符合上述這個道理。

作為一種社會歷史現象，體育文化的運作絕不是完全整體地進行的，而是從結構要素的運動出發的。因此，對體育文化結構的解剖是研究體育文化運作規律的首要程序和基礎。

根據系統論的觀點，體育文化是指體育文化系統內部相互聯繫、相互作用的諸要素在一定的排列組合後形成的一種相對穩定的整體。體育文化結構可以分為內部結構和外部結構，其內部結構是指體育文化自身的有機體，其外部結構是體育文化與自然和社會環境的結構關係。人們常說的體育文化結構通常指內部結構。

根據人與自然存在和社會存在關係的三個基本層次來看，體育文化的構成要素可以分為物質、制度、觀念文化三個部分。作為一個有

機的整體，體育文化的三個構成要素都處於互
涵共攝的狀態之中。體育文化的運動就是這三
個要素相互作用及其與外部環境作用的結果。
體育物質文化子系統是整個體育文化系統的基
礎，是體育制度文化子系統和體育精神文化子
系統存在和發展的前提；體育制度文化子系統
是體育文化系統運作的中介和關鍵，合理的體
育制度文化可以保證體育物質文化和體育精神
文化協調發展；體育精神文化子系統是整個體
育文化系統的主導，保證和決定體育物質文化
和體育制度文化的發展方向。

一、體育物質文化

　　體育物質文化是人類以體育爲目的或在體
育中的活動方式及其物質形態，可以分爲以下
三個部分，各個部分之間的聯繫是十分緊密
的。

㈠爲直接順應和滿足體育需要而創造的各種體育器材和場地設施

　　在整個人類發展的進程中，把自身力量作用於客觀物質是最基本的一項活動，這是人類爲了滿足自身的各種需要而進行創造的產物。不過，體育需要作爲一種以精神爲內核的需要，它的出現從邏輯上說是晚於其他人類的吃飯、穿衣、住宿等需要的。但這並不能影響人類滿足自身全面發展需要的創造欲望。由於體育活動的特點，這類體育物質文化往往比其他物質文化更加具有象徵性。當前世界的主要的物質設施和用具中，足球場、田徑場、體育館、網球拍、雪橇、游泳鏡等不僅成爲人類諸多物質用具和設施中耀眼的部分（如體育場往往成爲一個城市的「時裝模特兒」），而且往往在科技和訊息含量方面高出一籌。隨著人類需求的豐富和昇華，滿足高層次的精神需要的創造動力將愈加強勁，這必將極大地推動了體育物質用具和設施的發展。

㈡以改造人的身心爲目的而進行的體育活動方式

　　運動是人類發展生生不息的靈魂，各種運動方式是人類改造和完善自身的理想所繫，插秧、耕田、鋤草、紡織、印染、鍛造等各種工業和農業的勞動動作是人類滿足基本生活的運動方式。從邏輯上說，以追求身心健康爲目的的體育運動方式，既不能脫離人類的勞動方式，又是對人類勞動方式的一種補償。早期原始人爲了獲得食物的攀爬、跳躍、投擲、奔跑，既是勞動方式，又是孕育體育活動的方式。今天，隨著人類文明的進步，爲了提高勞動和工作效率與能力做準備的純粹體育活動方式（例如慢跑、爬山、游泳……）日益繁榮，體育活動方式已經成爲滿足各種精神需要的極具生命力的一種活動方式。以跑步調節緊張的工作，以增強體質爲目的而打網球和籃球，以放鬆和宣洩爲目的的觀賞足球比賽等等，都屬於體育活動方式。

㈢為促進體育發展而創造且形成了物質的各種思想物化品

這是體育物質文化中最高層次的部分。人類的文化成果是在人類意識支配下創造的產物。如果從歷史和邏輯相統一的角度看，我們可以把一切人類活動及其產物都看作是人類思想的產物。但是，在所有的人類物質成果中，其受思想支配的程度深淺和影響大小是不一致的，因此也是可以區分的。體育物質文化中由人們體育意識和觀念直接形成的物質產物，也歸屬於體育物質文化的範疇，它高於直接充當體育活動方式載體的體育設施和用具。如體育法規制度、裁判法、體育歌曲錄音帶、體育比賽錄影帶等都屬於這一類體育物質文化。

在所有的體育物質文化中，目前在中國大陸和臺灣最不為人們所重視的是第三個層次的體育思想物化品。由於體育與文藝在娛樂、傳播與功效等方面的共通性，體育文藝是當前最被忽略的體育物質文化，主要有體育文學、體

育戲劇、體育電影、體育相聲、體育小品、體
育雕塑、體育歌曲、體育繪畫、體育攝影、體
育舞蹈、體育郵票、體育文物、運動會招貼畫、
運動會吉祥物、運動會會徽、運動隊隊徽等。
目前中國大陸討論最多的，也是體育文藝的冷
落與蕭條，這集中體現在體育電影（不包括武
術電影）和電視的冷清。從歷史上看，中國的
體育影視曾經有過輝煌的紀錄。從中國體育影
視的諸多第一可以窺知這一點。早在1933年第
五屆全運會在南京舉行時，上海明星、聯華和
南京東方三大影片公司就共同拍攝了我國第一
部以全運會為題材的新聞片；1936年9月前往
柏林參加奧運會之時，國際教育電影協會主辦
了國際體育影片比賽，中國專門攝製了一部名
為「中國體育」的德語記錄片去參賽，主要內
容為射箭、踢毽子、太極拳等中國傳統體育，
這是中國第一次參加國際體育影片比賽；1987
年4月22日至26日在突尼斯舉行的首屆國際奧
林匹克電影節上，中國大陸由中央新聞紀錄電
影製片廠攝製的「世界女排明星賽」和「民族

體育之花」兩部彩色記錄片參加了展出（國際奧林匹克電影節的宗旨在於傳播奧林匹克理想，記述和再現現代奧林匹克運動的發展，是國際體育電影電視聯合會主辦的，中國是其創辦國之一）；1984年第二十三屆奧運會前夕，中央新聞紀錄電影製片廠攝製了「零的突破」，大量採用了歷史上的體育資料，在香港舉行了首映式，並且於1985年獲得中國大陸最佳紀錄片金雞獎，這是第一部獲得最佳紀錄片金雞獎的體育文獻片；四川省自貢市電視臺拍攝的四集電視連續劇「冠軍從這裡起飛」，獲得了1985年度中國大陸的「飛天獎」，這是中國大陸第一部獲得國際獎的體育電視劇；1981年10月，中國女排前往日本參加第三屆世界杯比賽，中央新聞紀錄電影製片廠與中央電視臺隨同前往，拍攝了「拼搏──中國女排奪魁記」，該片於1984年在義大利佩魯賈市舉行的第一屆國際排球電影節上獲得首獎──海鷗展翅獎；1980年，在義大利第三十五屆國際科第納電影節上，中國攝製的表現技巧和藝術體操運動的體育紀錄片

「美在運動中」，獲得貝魯省特別獎，這是中國大陸第一部獲得國際電影節特別獎的體育紀錄片；表現1983年5月上海全運會比賽，由中央新聞紀錄電影製片廠攝製的「騰飛吧！中華健兒」大型體育紀錄片，尤其細緻描述了朱建華跳過2.38米打破世界紀錄的全部過程。該片後來送交國際奧委會保存，這是國際奧委會總部保存的第一部中國體育紀錄片。

　　體育物質文化從總體上來說是指在體育文化諸現象實際存在，有形有色，可直接感知的事物。它不僅包括各種體育器材、用品和場地，而且包含具有深刻思想內涵的物質成果。當然，它與體育制度文化和精神文化相比還是具有明顯區別的，主要體現在形態的物質性、功能的基礎性、表現的易顯性三個方面。

二、體育制度文化

　　體育制度文化是人類透過體育運動改造和

完善自身的活動方式及其制度產物，是調整和
規範體育運動中人們各種社會關係的組織機構
和規章制度的總稱，可分為以下幾個部分：

㈠在體育運動中人的角色、地位以及各種體育活動的組織形式

　　人人都有自己的社會角色和地位，也不時
地在各類活動中充當臨時或固定、長期或短期
的各類角色。這不僅是由人的能力差異決定
的，也是由活動的組織形式需要多種不同的角
色所決定的。體育運動中也存在裁判、教練、
隊長、隊員、游擊手、投手等角色差異和單敗
淘汰制、單循環制、交叉淘汰制等賽制，這屬
於體育制度文化中最基本的內容。幾乎沒有一
生只充當一個角色的人，運動員本身可能是子
女、父母、兄弟姊妹，教師自己則可能充當足
球場上的隊長、家庭的父母。這些各種各樣的
角色在一定的組織形式的制約下共同維持活動
的開展。與工作、生活中的角色有所不同的是，
運動場上的角色具有更大的自由度、隨意性，

爲人父母者的角色不能隨意變更，老師的角色
也不會輕易改變，兩者分別受制於家庭制度和
學校的教育制度。而運動場上的隊長卻可以具
有變更的較大自由，因爲它所依託的制度具有
相對的靈活性，足球場上就常常出現隊長換下
場後立即有人接替的情況。

　　當然，運動場上角色的區分也是具有原則
性的，技藝不高或號召力不強的運動員很難當
上運動隊中的隊長。比賽制度的變更有時因參
賽隊的增多或減少而變化，但多數情況下是穩
定的和嚴肅的。

㈡爲促進體育發展而形成的各種組織機構

　　組織機構是人類社會逐步發展的產物，它
對於合理和高效地發揮人類群體的力量起著重
要作用（不合理的組織機構顯然也會壓抑和束
縛人的能力的發揮）。人類的個體活動和集體
活動都離不開組織機構的作用。體育活動作爲
一種人類改造自身、促進社會進步的文化產
物，各種社會組織和它自身的各種組織機構是

不可缺少的。運動競賽組織、學校體育組織、
民眾健身娛樂組織、世界體育組織、大洲體育
組織、國家體育組織等構成了體育制度文化的
重要組成部分。體育組織機構一方面受制於社
會制度和政治制度等宏觀條件，另一方面是體
育運動本身發展的需要。如1881年成立的世界
上第一個國際單項體育組織——國際體操聯合
會，不僅是當時合作的國際背景所決定的，也
是體操運動自身國際化發展的要求。1894年成
立的國際奧委會更是當時的國際社會渴望合作
的環境和世界體育交流不斷廣泛的結果。

　　當然，在人類成立各種體育組織機構的過
程中，應該在考慮符合社會背景的同時更多地
關注體育活動發展組織化發展的需要和要求，
這樣才能真正推動體育運動向著合乎體育文化
規律性的方向發展。

㈢人們圍繞體育而創造的各種直接影響體育活動的原則、制度

　　在人類的組織制度文化體系中，組織機構

的原則、制度等是至關重要的，它決定著組織
的性質、活動方式和發展方向，是制度文化中
與精神文化關係最爲直接、層次最高的一部
分。正如一個企業、學校都有自己的制度一樣，
一個體育社團和體育群體也一般擁有自己的特
有制度。如實用體育學說、體育法則、體育管
理體制等，直接指導體育組織機構行爲和活動
方式的內容，乃歸屬於體育制度文化。這些體
育制度文化成果來源於體育活動的實踐和體育
精神領域的思考，是體育制度文化體系中作用
最爲突出的組成部分，是統領體育一般規範與
體育機構的橋樑。如體育體制包括在運動訓練
管理體制、學校體育體制、體育科研管理體制、
體育市場管理體制、籃球聯賽管理體制、足球
訓練及競賽體制、民間體育社會管理體制等多
種內容中，對於調動人的主觀作用具有不可替
代的作用。體育體制不健全會影響體育機構的
建立與完善，體育產業制度不完善會制約體育
經營管理活動的順利進行。因此，在改善體育
發展的狀況上，往往要從改革這一層次入手，

當前中國大陸體育界正在進行的體制轉換和機制轉軌就屬於這類活動。

總體看來，體育制度文化是在體育活動中人類活動本身及其人際關係構成的文化，它不僅包含基本的體育運作方法、具體的體育組織機構，還包括體育的制度和體育倫理道德、群體風尚、風俗習慣等，具有鮮明的時代性、恆定的連續性、穩定的俗成性、深刻的內化性等特質。

三、體育精神文化

體育精神文化是人類借助或透過體育改造主觀世界的活動方式及其精神產物，可以分為以下四個部分：

㈠圍繞體育改造人的精神世界的物質內涵和行為準則

人類進行活動需要遵循一定的規律，這些

規律是人類活動的指導思想，其中直接物化的
部分往往形成物質文化，並逐漸遵循自然的規
律和要求去發展。如一本雜誌，其內容屬於精
神文化的內容，是人的思想意識的直接產物，
而雜誌的紙張、印刷、裝訂等因素則更多地要
受到客觀物質的影響。體育精神文化與一般文
化有所不同，它的物質文化與精神文化、制度
文化之間的聯繫更緊密。因爲它本身就大多是
一種身體活動行爲。體育服飾、體育諺語、運
動訓練、體育選材等都屬於這一層次的體育精
神文化。它屬於行爲文化的範疇，與前述第一
和第二層次的體育物質文化以及第三層次的體
育制度文化的區別十分微妙。當我們看一件運
動服裝，對它的質地、型號、顏色等進行品位
時，注重的是體育物質文化；當我們注意其展
示的體育民族個性、審美情趣等因素時，注重
的是體育精神文化；當我們談及運動訓練，注
意它的外在身體運動的場面表現時，關注的是
體育物質文化；注意它的教學傳授方式與人際
關係時，關注的是體育制度文化；注意它的（蘊

藏在人的思維領域中的）訓練原則與指導思想
時，關注的則是它的精神文化。在這裡，體育
的物質、制度、精神文化若只從一個角度和層
面看，是無法區分清楚的。

㈡依託體育改造人的精神的思想觀念及理論體系

　　人類的個性活動以及人類社會組織的活
動，不可能是無意識和無目的的。人類活動領
域的劃分與活動方式的形成，都受到人類思想
觀念的指引。各種具體的學科往往就是針對人
類活動的某一個或大或小、或宏觀或微觀的領
域進行探究的理論產物，這是人類有意識指導
自身實踐的思想觀念的結果。體育作為一項改
造人的身心進而促進適合發展的活動，無疑需
要在多個方面和層次上作出科學的闡釋。體育
學科就是在體育活動的理論需要背景下產生
的。如體育經濟學研究體育中的經濟活動現象
及其規律，解決體育經濟的地位、方法、發展
規律等問題；體育史學揭示人類體育產生發展

的歷史過程及其規律，引導人們在現實的體育
實踐趨利避害。這些體育學科和一些目前尚未
成立學科的體育研究領域，大多以書面文化的
形式來體現；一門體育學科的發展往往以出版
該學科的專著爲重要標誌。

　　前兩者可以看成是體育精神文化的外在形
態。

㈢透過抽象的聲音，色彩等表現體育精神的藝術文化

　　人類把握世界不僅僅只有物質的和精神的
單一形式，還有把精神物化的產物。這些文化
形式表面看來是實實在在的物質，但它十分直
接地蘊涵著人類的情感、意志和靈魂。這類方
式以文藝爲傑出典範。體育活動的直觀、激越、
宏大等特性，使得它往往成爲文藝表現的對
象，諸如體育詩歌、小說、漫畫、相聲、小品、
體育郵票、體育歌曲等體育文藝，都歸屬於體
育精神文化的範疇，同樣必須指明的是，我們
在這裡所談論的體育文藝並不是體育物質文化

意義上的體育文藝。一幅體育漫畫，當我們注目它的線條、色彩、紙張的物質價值時，關心的是它的體育物質文化的方面；當我們探究它表現出來的體育思想、情感時，關注的是它的體育精神文化的方面。體育精神文化的這個層面屬於藝術文化的一部分。

㈣依託體育改造人的主觀世界的各種想法和打算

　　人類文化中的物質文化和精神文化是並行不悖的，但在諸多的人類文化中，改造人的主觀世界的文化的程度和範圍是存在較大差異的。文學和藝術直接指向人的主觀精神世界，它的產生源於人類精神世界的需求，它的實現方式往往貼進人的悲喜情感、歡愁情緒等精神內容，這些文化被認為是屬於意識形態領域的文化。而體育文化一度不被認為具有改善靈魂的作用，因為它的直接表現形式是身體運動。但實際上，體育文化改造主觀世界的可能性是十分巨大的，因為它較少先驗地限制人們的思

維和情感，具有廣闊和深遠的精神展現力。體
育道德、體育精神、體育人格、體育理想等心
理文化範疇的內容，都屬於體育精神文化的一
部分。

　　後兩者屬於體育精神文化的內在形態。

　　總之，體育精神文化是指體育活動中黏附
的科學、心理、道德規範、科學、哲學、審美
觀念、文學藝術等思想意識形態的總稱。它具
有主體精神鮮明的內視性、精神傳通多樣的溝
通性、傳統觀念強烈的積累性。

第五章
體育文化的外部環境

一、體育文化與經濟

　　在一般的意義上，體育的發展與經濟的發展是密切相關的。

　　經濟是體育發展的基礎，經濟狀況決定著體育的規模和水準，經濟的發展制約著體育的結構和手段，經濟決定體育的社會性質。國際奧委會主席薩馬蘭奇說：「沒有商業的幫助，奧林匹克將走向死亡。」說明了經濟對體育的基礎作用。

　　同時，體育是提高勞動力質量的手段，是
提供勞務滿足人們需要的一個生產部門。美國
的體育產業、義大利的足球產業都是各自國家
重要的產業部門。美國的體育產業產值僅次於
石油化工、汽車製造、航空航天等重要工業部
門的產值，在國際經濟中占據重要地位。體育
賭博在義大利、澳大利亞、英國和法國受到人
們歡迎和認可，由國家管理作為行業之一。日
本朋馳公司有一個著名的信條：「對體育界投
入的錢越多，獲得的利潤就越多。」這說明了
體育與經濟的相互依賴關係。人們通常很容易
得出這樣的結論：體育的發展要與經濟的發展
相適應。要根據經濟發展的需要和可能制定切
實可行的體育發展計畫；要使體育投資在國民
經濟中保持適當的比例。

　　對於將體育發展的目標指向更高意義上的
體育文化來說，它與經濟的關係更有價值的方
面，體現在它與經濟在精神領域上的契合。周
西寬指出：體育和經濟看似風馬牛不相及，其
實有著廣泛而深刻的聯繫，二者在體現的原則

和精神等方面存在比較多的相似之處。可以這樣認爲，體育文化與經濟聯繫的中介是現代意識。一般認爲，現代意識包括競爭意識、平等意識、風險意識、法制意識、創新意識和開放意識。現代體育在培植和弘揚這些意識方面可以發揮重要的、有時甚至是難以替代的作用。西方近代體育文化在資本主義興起的同時出現，其原因不是偶然的，而是有著體育文化與經濟發展共同需要的精神內涵的聯繫。競爭的鐵的法則是優勝劣汰，作爲一種強制性的外在力量，競爭在相當廣泛的範圍內培植進取心、毅力和大膽首創精神。體育文化還要求民主、平等、法制、創造和開放等現代意識，對於經濟的發展具有重要的示範作用。

　　當前，人們關注得最不夠的是在體育進入市場的過程中體育文化市場的價值。在整個社會文化產業和訊息產業日益興盛，精神經濟學和文化經濟學興起的背景下，體育文化產業沒有置於恰當的戰略高度，這對於體育文化和經濟的發展都是不利的。依據對文化產業格局的

分析，構成文化體系的基本門類有媒體、科技、教育、藝術、旅遊文化產業等五大類。這五大文化產業既互為聯繫、互為補充，又互為條件、互相制約，是一個有機聯繫的整體，在經濟和社會發展中發揮著重要作用。各類文化產業的作用也各不相同：教育文化產業具有基礎性作用，科技文化產業具有主導性作用。媒體文化產業具有動力性作用，藝術文化產業具有感染性作用，旅遊文化產業具有陶冶情性作用。

　　體育文化產業雖然屬於教育文化產業範疇，但它特有的社會輻射和滲透力使得它同時具有上述各類文化產業的特性，可以橫跨各類文化產業，實現體育文化價值和經濟價值的最大化。無疑，體育文化產業在體育和經濟發展中處於戰略地位。運動員會徽的設計、體育小品和相聲的表演、運動會招貼畫和紀念章的出售、體育技術的錄影帶、體育歌曲磁帶、體育影視的放映、體育郵票的發行、體育漫畫的創作、體育雕塑的銷售等構成的體育文化產業體系，足以構成一個獨立的經營實體。可以預言，

體育文化產業本身將成為體育文化和經濟發展的一個顯著標誌，從各個角度豐富體育文化體系、完善經濟佈局。

二、體育文化與政治

政治是人類最重要的活動，它深入到社會的各個角落。其影響幾乎無微不至。政治以國家的產生和存在為其產生和存在的基礎和前提，國家是關係全部政治之主要的和根本的問題。政治歷來就對體育產生著影響。德國體育史學家雷默教授所說：「運動和政治永遠分不開，運動最感興趣的地方，也是政治家最有興趣的地方。誰要從事體育運動，誰就擺脫不了政治的影響，否則，就別參加運動。」「現代奧林匹克之父」顧拜旦在1933年致國聯的信中說：「我洞悉人類通史，善於觀察其中曲折變化，因而深知演變觀點的作用，所以當我看到到處都在演變時並不感到驚訝，更不感到憤

慨，因爲任何機構團體爲了生存下來，必須順
應當時的習慣和要求。今天，政治是無孔不入
的，那麼體育運動與奧林匹克精神也不能擺脫
政治。」

　　在國際體育舞臺上，歷來都有人主張體育
與政治無關，但事實上體育從來也沒有脫離過
政治的影響。甚至可以說，體育運動本身已經
成爲政治的一種表現形式。中國古代小說《水
滸傳》中高俅透過高超的足球水準當了太尉，
成爲國家軍事首領，這就是一種「量技封官」
的典型。第二十三屆奧運會美國總統雷根親自
參加了開幕式，並且在開幕式上致辭，但在1932
年洛杉磯奧運會，當時的美國總統胡佛卻拒絕
致辭，他說：「美國總統不值得爲二十七個字
的開幕詞從華盛頓趕到洛杉磯」，有人因此指
出胡佛不配當政治家。從當代競技運動的影響
來看，恐怕沒有一位總統再敢於這樣說話了。
1997年初美國棒球運動員因工資問題而罷賽，
總統柯林頓出面調停。有人甚至鼓動貝利和馬
拉度納去競選總統，更有甚者喊出了「馬拉度

納比阿根廷總統還偉大」的話語。「在巴西，一個總統競選人如果敢於聲稱他不喜歡足球，他肯定當不上總統。」

利用體育文化來達到政治目的的事件是普遍存在的。津巴布韋總統卡南·巴納納酷愛足球，他的業餘生活主要在足球場上，或者觀看國家隊比賽和訓練，或者自己踢球。他留下的遺囑頗爲發人深思：「我死後，請把我葬在足球場下面，使我們的國家隊隊員感到……在比賽中，我和他們在一起，爲他們鼓勁加油。」1986年，美國金斯頓市兩名競選市長的候選人竟然決定用拳擊比賽決定市長席位的歸屬。賽前，候選人霍蘭和龐克分別組織自己的支持者去賽場卡位，門票二美元一張，最後，龐克戰勝了霍蘭，從而奪取了市長之位。新聞報導說，這比起民主選舉來說，既省事又賺錢，可謂美國政壇的創舉。1988年9月21日德新社報導說，土耳其總理厄扎爾宣布派自己的專機去漢城迎接爲該國二十多年贏得第一枚奧運會金牌的舉重天才蘇萊曼諾爾古。觀察家認爲，這是厄扎

爾爲贏得25日舉行的一次公民投票的最後努
力，選民將就厄扎爾提出的提前四個月舉行全
國地方選舉的建議進行表決。

　　體育在一定條件下是政治觀點的表現形
式。世界上體育對政治的積極作用和消極作用
是同時並存的。南北韓和平進程就不斷透過體
育合作而加快。東西德聯合組隊參加1968年墨
西哥、1972年和1976年奧運會，1991年南北韓
聯合組隊參加了第四十一屆世界乒乓球錦標
賽，女隊奪得團體冠軍。消極作用也有典型的
例子。1980年10月28日，利比里亞報刊大字號
刊登元首塞維爾多‧多伊的決定：國際比賽
時，如果成績不好，利比里亞的球員將被關押。
他是在27日視察勞工部和體育部時宣布這一決
定的。因他在那裡獲悉利隊與馬里隊踢成一比
一平，他說：只要我任國家元首，我就不希望
利隊打敗仗。這樣的政治要求強加到運動員身
上，對於體育來說實在是一種戕害。1983年12
月，聯邦德國體育聯合會委員會主席法拉克在
國家奧委會舉辦的新聞討論會上作了題目爲

〈競技運動何處去〉的報告，他說：「體育已經成為政治制度較量的場所，人們正在不遺餘力地裝備它。因此，體育基本思想有被抹煞的危險。運動員有可能成為實現某種目的的工具，而不能獨立自主地根據純粹體育的要求而獻身事業。」可見，政治過於嚴密地介入體育不但會損壞運動參與者的利益，最終還將對體育文化精神產生不良影響。

作為當今最引人注目的體育文化，奧林匹克運動與政治的關係十分密切。奧林匹克運動不是政治運動，其價值在於文化價值，但其本身有著明確的、高尚的政治目的——世界和平。這種政治目的是以運動和運動員為核心，透過國際間自由、平等的體育文化交流來實現。奧林匹克憲章中有「反對將運動和運動員濫用於任何政治目的」的說法，其實質是為了在獲得足夠政治支持的同時保留運動和運動員的根本利益。

然而，國際奧委會有關章程和規定，卻也為政治的介入創造了條件。這實際上也是考慮

到各國體育不能脫離國家的支持。雖然憲章明確規定「奧林匹克運動是個人和團體競賽項目中運動員之間的比賽，不是國家間的比賽」，但是代表團的組成、運動會的進行都是以國家的名義進行的。在奧運會上，運動員要按國別入場，運動服大多配有國徽，頒獎時要升國旗（或會旗）及奏國歌。參賽者幾乎都把比賽看成是國家間的比賽，比賽的勝負直接關係到國家的榮辱。國際奧委會雖然不統計和排列奧運會的金牌榜，但參賽者一直都在精心算計自己的名次和成績，這顯然有很強烈的政治因素在裡面。1972年奧運會籃球比賽美國隊負於蘇聯隊時，美國的輿論大嘩，不少人認為有損美國的國際威望，甚至有人要求調查失利的原因。各種因在國際比賽中成績的好壞帶來的國民情緒喜悲，實際上是屢見不鮮的。

　　奧林匹克運動與政治的關係主要體現在國際政治的介入。所謂國際政治，是指國際關係行為主體在政治領域中相互關係的總和。奧林匹克運動是一種國際性活動，它透過體育這一

特殊方式進行國際間交流。在相對於其他許多
活動更加公平、直觀、顯性、宏大的條件下進
行交流，具有很強的國際實力示範和標誌效
應。因此，國際政治不會放過這樣的大好機會。
現代奧運會已經舉行了二十六屆，沒有一屆與
政治無關，也沒有一屆不受到政治的自覺或不
自覺、直接或間接、積極或消極的影響。這些
政治影響奧運會往往透過國家、民族、種族、
人權等問題來體現。

　　奧林匹克運動在獲得國際政治積極促進的
同時也受到政治的干擾，對於因為政治原因抵
制奧運會的問題，薩馬蘭奇說：「我認為這些
國家並沒有得到任何好處，尤其是運動員，當
他們回首往事時，不可能不感到遺憾。」也就
是說，即使在國內，抵制的作法也不得人心，
國際體育界人士對此有理由表示歡欣鼓舞。因
為在1988年奧運會前的連續兩次抵制奧運會，
使奧林匹克運動陷入國際政治紛爭的夾縫中幾
乎分裂。漢城奧運會雖然有古巴總統卡斯楚發
出「如果南北韓不聯合舉辦1988年的奧運會，

古巴就不參加」的要脅，並最終抵制了漢城奧
運會，但是，奧林匹克運動還是走出了政治的
漩渦，所以，1988年的漢城奧運會被認為是奧
林匹克運動的一個轉折點。薩馬蘭奇還解釋
說：「奧林匹克並不是一個政治事件，我並不
認為今天有許多國家在對本國的奧委會施加影
響。」這顯然不是事實，而正是一位政治家的
言詞。它說明薩馬蘭奇的政治手腕和策略的高
明。

　　必須指出的是，政治對體育表示冷淡和親
熱，在本質上並沒有什麼區別，因為政治通常
會採取一種它所認為最務實的態度。現代社會
的政治更是如此。對於體育來說，最重要的是，
如何在尋求和面對政治時努力得到支持，同時
盡量維護體育本身的利益，這需要一種在動態
中掌握張力平衡的藝術，它對於人類體育向著
體育文化的方向發展具有十分重大的意義。

三、體育文化與宗教

　　宗教是一種對於現實世界的顛倒性認識，屬於精神文化的範疇。自古以來，體育與宗教的互滲現象就十分普遍，人類的娛神慰神儀式多有體育身影。如雲南納西族信奉東巴教，在祭體、婚喪或節日以多達數十人至數百人演練的集體武術活動「東巴跳」來祭祀被其視爲始祖的神話人物丁巴什羅。人類的法術巫術活動也常見體育的內容。北美印第安人在狩獵之前跳野牛舞，每個人頭上載著從野牛頭上剝下來的帶角的牛頭皮（或者畫了牛頭的面具），手裡拿著弓或矛，這是在捕獲野牛時的常用武器，這種舞蹈有時要不停地跳兩、三個星期，直到野牛出現的時候爲止。這顯然與體育有一定關係。人類的宗教修煉活動也不時以體育活動爲主，瑜伽是印度婆羅門教特有的修行方式，印度教和婆羅門教的教義認爲只有透過瑜伽術的

修行，才能達到梵我合一的最高境界。人類的
宗教性民俗活動中也有體育活動存在，古代希
臘的祭神與四大競技會的緊密聯繫就是鮮明的
例證。值得注意的是，宗教修煉術的宗旨和目
的是十分荒謬的，但某些宗教的修煉方法與一
些體育健身方法是相互影響的。所以，不少宗
教在歷史上對體育發生過衍生的促進作用。

　　體育與宗教的關係無論如何密切，都無法
掩飾二者的本質對立，宗教是以幻想的方式反
映客觀世界一種顛倒的世界觀。它的本質特徵
在於，它是對客觀世界歪曲的、虛妄的反映，
是用超自然的力量表現出來的。從這個意義上
看，宗教與體育是不相容的。首先，體育存在
的最根本的前提是對人的肯定，人的價值和生
命的價值是體育的根本前提，宗教則以否定人
來肯定神，剝奪人的思想、精神、靈魂自由。
體育是人的身體和精神的協同發展過程，追求
身心和諧發展，肯定人的物質性，宗教則提出
所謂靈魂是神聖的，要求壓制肉體欲望，獲得
靈魂的拯救。體育是對人的現世生活的肯定，

宗教則追求來世。所有宗教都是爲了神而表示爲了人。

　　然而，體育與宗教的關係似乎並沒有隨著人類科學的發展而變得遙遠。歐洲中世紀的體育曾經因爲基督敎「肉體是靈魂的監獄」的主張而奄奄一息，但是，當時光流轉到近代時，基督敎仇視體育的面目卻發生了根本的改變。只要我們看一看中國近代體育的發展史就很容易感受到基督敎靑年會和敎會學校的深遠影響。近現代體育雖然是在突破基督敎的藩籬過程中形成發展的，並且是人類理性和科學戰勝宗教的結果，但是隨著近代基督敎對體育的適應性促進，體育與宗教的距離一下子又拉近了。今天，儘管現代體育仍要與宗敎鬥爭，但是「體育是現代人的宗敎」的說法不知又會對體育與宗教的關係產生怎樣的影響？它至少告訴我們一個道理，人類精神領域裡的兩個因素，體育文化和宗教的永恒存在都有自己的必然性。人類無論發展到任何理性和科學的境地，總會有心頭解不開的死結。人類無論發展

到如何強勁和有力，總會有繼續完善的欲望和
娛樂的需要。當我們信誓旦旦地從本質對立的
角度提出「只有宗教退讓，體育才能進步」的
口號時，不要忘記兩者的內在聯繫和現實生活
裡體育和宗教的關係。

四、體育文化與軍事

　　作為人類社會文化中以身體能力（體力和
智力）展示為顯著標誌的文化類型，體育文化
與軍事有著天然的聯繫。軍事和體育在歷史上
就相互促進。軍事往往影響體育的內容和手
段，推動體育的發展；軍事還常常影響體育的
規模，客觀上鍛鍊了人的體魄。當然軍事對體
育也有負面影響。杰弗里‧考德威爾在〈國際
體育運動與民族意識〉一文中說：「體育運動
是隨著人類文化的進步而發展起來的一種特殊
的、禮儀化的戰爭。」他還介紹說，從事體育
活動和作戰，是澳大利亞人表現民族意識的兩

種主要方式。澳大利亞人在國際體育和戰場上
的努力表明，他們即使不比別國人更強，至少
也不相上下。因此，運動場、英布戰爭和第一
次世界大戰便都成爲考驗澳大利亞人氣質、膽
量和體能的場所。

　　體育對軍事的作用也是顯而易見的。體育
透過增強體力、提高戰鬥技能、培養意志品質、
調劑軍營生活，從多個角度對軍事產生積極的
影響。世界著名軍事史學家克拉塞維茨說：「戰
爭無非是擴大了的搏鬥。」它說明了戰爭與體
育的源流關係。

　　隨著人類文明的發展，體育與戰爭的關係
看似已經越來越遠了。其實，戰爭武器的進步
和作戰方式的變化，雖然使得戰爭不再直接與
體育發生緊密聯繫，但體育文化精神與戰爭精
神的對話愈加親密。體育文化的昂揚、奮進、
堅韌、團結等精神特質已經融入軍人的血管，
一個身體不好、精神狀態不佳的軍人是無法勝
任現代戰爭的。現代軍事體育的勃興就承擔了
這個重任。

　　與此同時，體育作爲戰爭的替代物或者衍生物獲得了新的發展動力。中國近代體育發展的一個重要動因就是軍事的失敗帶來了國人企求在體育競技中爭勝的更大決心。兵操的引進與西式的傳播、大量名爲「萬國某某錦標賽」的舉行，激起了無數中國人的熱情。一種冀望在競技場上找回戰場上失敗恥辱的心態，支撐了中國近代體育發展的大部分民族情感。

　　如今，體育更是在戰爭中尋求到了永恒的心理動力，有生物學家認爲，人類具有攻擊性本能。這種本能的宣洩必須導入合理的渠道。美國哲學家桑塔亞那認爲，解決戰爭與和平衝突的方式就是去尋求戰爭的道德等價物；用某種「無害的詞句」來表達「戰爭的德行」，他終於在體育運動中找到了這種靈丹妙藥。他指出：「在體育運動中，如果訓練不會使官能和正確感覺受到損失，並且競賽也不帶來怨恨的話，那麼刻苦和競爭的因素是無害的。在戰爭中，國家希望力量能取勝，但在運動中人們希望證明他們的優秀，因爲他們希望獲得優秀。」

　　勇毅精神和尚武精神曾經是我們民族的寶貴財富，從體育與軍事的密切關係中，我們深切地感到：現代的中國和世界仍然需要這種精神，它是人類文明發展的內在動力支柱。

五、體育文化與藝術

　　作爲創造精神價值的兩種文化，體育和各種藝術具有某些可以進行比較的特性。

　　體育的發展從來就離不開藝術。由於兩者都有娛樂和教育性，藝術滲入體育，不僅完善了體育的目標，增加了體育的功能，而且豐富了體育的內容，美化了體育的形成，憑添了體育的魅力。同時，體育作爲人類社會生活的一個重要組成部分，也是藝術創作的生活源泉之一，是藝術取材的重要領域，體育在借助藝術豐富和發展自己的同時，藝術也需要得到來自體育的營養。

　　舞蹈和體育的關係十分緊密，以至於今天

有些人說不清體育和舞蹈的區別。兩者都是身體運動動作，都受人體生理規律的制約，要遵循運動生物力學的原理。其差異體現在，舞蹈的身體動作是爲了表達藝術情感，體育的動作則是爲了增強體質。舞蹈的身體動作是在藝術要求下進行的，體育的動作則是在技術要求下進行的。從動作與情感的關係看，兩者是顛倒的。目前風靡世界的體育舞蹈顯示了兩者逐步融合的趨勢。攀岩被有些人比喻爲「岩上芭蕾」，巴西足球被譽爲「森巴藝術」，也體現了體育與舞蹈的交融。

　　建築是與體育聯繫非常緊密的藝術種類。體育建築注重的是實用性和美觀性的統一，而且一般都比較高大、雄偉、寬敞、開闊，在體積、線條、材料、造型、色調等方面獨具風格。許多城市往往以體育建築作爲重要的標誌。如巴西馬拉卡納體育場、德國慕尼黑體育場、墨西哥亞茲的卡納體育場、美國宇宙圓頂體育場、俄羅斯列寧體育場，被盛讚爲世界的五大建築藝術奇觀，這些體育場在當地的建築中具

有鮮明的風格。體育建築豐富了建築藝術，而
且促進了建築藝術的技術手段和表現形式的改
善。體育建築藝術是整個建築藝術中十分醒目
的組成部分。

　　音樂和體育的關係也很密切。古代奧運會
上，傳令比賽和笛手比賽曾經是正式項目，跳
遠的比賽還有長笛伴奏。當今，運動員進行曲、
隊歌、會歌等是重要的體育文化內容。許多體
育項目本身就融入音樂。馬術、藝術體操、花
式滑冰、花式游泳、自由體操等都是深受歡迎
的體育項目。義大利足球甲級聯賽的各隊隊
歌，伴隨著激烈精彩的比賽，一起成爲展示體
育文化魅力的重要文化成果。即使是當今中國
大陸許多以流行歌曲配合體育運動畫面製成的
體育MTV（音樂電視），也受到廣泛好評。

　　雕塑與體育的關係也很緊密。雕塑的三度
空間實體非常有利於表現體育的魅力。歷史上
最爲有名的體育雕塑是公元前5世紀米隆的「擲
鐵餅者」，它後來成爲雕塑家的傑出範本。1996
年奧運會開幕式上運動員模仿這個雕塑的表

演，也被許多人認為是該屆奧運會開幕式最精彩的表演之一。如今的許多學校、運動隊和企業裡樹立的各種雕塑中，體育雕塑以其特殊的動感和線條引人注目。

繪畫最早也是用來表現人體的。達芬奇認為：棒球、網球和馬球的球員在比賽時，畫家就有觀察球員動作的好機會。長沙馬王堆出土的西漢帛畫「導引圖」、河南密縣東漢墓的角抵壁畫、陝西乾縣章懷太子墓的唐代馬球圖、山西洪洞縣廣勝寺水神廟的壁畫「捶丸圖」等等，都是精美的體育繪畫作品。當今，國際奧委會定期舉辦體育藝術展覽的作品中，也有不少優秀的體育繪畫作品，它直接推動了世界各地的體育繪畫和攝影活動。

電影和電視也是體育不可缺少的伙伴。匈牙利電影美學家貝拉‧巴拉茲說：「因為電影是一種表現可見的，換句話說是身體動作的藝術，所以，體育、競技或雜技表演在電影裡所能起的作用顯然就比他們在其他藝術裡所能起的作用大得多。」他緊接著說：「即使一部以

運動員為主角的影片，趣味也不應該偏在體育表演方面。」這又道出了體育與電影的區別。

　　戲曲和文學與體育也很有關係。中國歷史上的武打戲就屬於十分具有武術色彩的戲曲；另如《荷馬史詩》對體育的描述，《詩經》中的體育內容，唐詩中的諸多體育內容，也都對此有精彩的描寫。而奧運會的文學比賽中，也有諸如〈體育頌〉這樣的精品。

　　生活中許多將藝術和體育結合起來的人物本身，更可以生動地說明體育與藝術的聯繫。

　　許多美國好萊塢的電影明星喜歡體育。全世界唯一四次榮膺奧斯卡金像獎的女星凱瑟琳‧赫本每天堅持鍛鍊身體。保羅‧紐曼於1986年駕駛一輛速利車獲得全美競車俱樂部GT-1級大獎賽的桂冠。瑪丹娜每天要跑14.5公里的路，還要做其他運動一個多小時。著名影星麥克‧道格拉斯的兒子埃利克成為這個演員家族中最年輕的名演員，他生活中更多的時間是熱衷體育運動，他喜歡籃球、足球、滑雪、擊劍、空中跳水等項目，並且認為每熟練掌握一項體

育運動都有助於表演藝術的提高。女影星茱
蒂‧佛斯特以慢跑、地板操、游泳作爲自己每
天的運動項目。當然，體育界酷愛藝術的人也
不勝枚舉。

第六章
不同性質的體育文化

　　體育文化在客觀上具有多元性，體育文化依據各種角度可以劃分為不同性質的體育文化。體育文化的劃分依據，包括客觀和主觀兩大類。

　　體育文化劃分的客觀依據，包括自然隔離機制、語言文字隔離機制、社會隔離機制、心理隔離機制，分別在自然環境、語言文字、社會結構要素、心理結構要素的層面上將不同的體育文化區分和隔離開來。體育文化劃分的主觀依據包括傳統文化、對體育文化的認知、研究目的，分別在主觀的條件下將各種體育文化區別開來。

　　由於體育文化的劃分千差萬別，無法求得
完全一致的劃分方法。我們根據體育文化的層
次和表現形式，採取下列集中比較典型的體育
文化類型進行描述，這些體育文化類型由於載
體、目的和依托群衆的不同呈現出不同的特
性。

一、競技體育文化

　　原始社會體育發達的主要標誌便是出現了
祭祀性質濃厚的祭禮賽會，可見競技體育在體
育文化中具有的獨特地位。競技體育在當今已
經成爲一種社會文化的模範。它在歷史和文化
的裏挾中，已經具有了豐富的有形價值和無形
價值。

　　競技體育文化的有形價值表現爲：

　　第一，對人類體育能力的展示。競技體育
是人類從自然界對象化出來的產物，在這個過
程中，人類不斷認識和改造自我。透過競技體

育提高自身原有水準，戰勝強勁的對手，打破
前人創造的記錄。今天留下的競技體育的歷史
記載，無不具體地展示了這一切。男子一百米
跑9秒84，女子一百米跑10秒49的驚人記錄中凝
聚了無數拼搏者的汗水和智慧。在所有的人類
文明的記錄中，展示競技體育實力的紀錄可以
說是社會文明程度的顯性標誌。

　　第二，對城市形象的體現。幾乎任何競技
體育比賽都對器材尤其是場館設施有特殊的要
求，大型比賽更是需要在現代化規模較大的體
育設施內進行，這樣，體育建築設施就和為參
賽者、觀眾服務的配套公路交通、通訊廣播、
旅館飯店等一起組合為直接反映城市現代化水
準和發達程度的顯性標誌。所以，藉由大型運
動會來促進城市現代化進程，在世界範圍內普
遍存在。如果說奧運會是城市的「成年禮」，那
麼體育建築就是城市的「時裝模特兒」。

　　第三，對人類情感的指向。競技體育作為
一種十分張揚和激越或者十分冷峻和靜蘊的文
化表現形式，時時可能引起人們情感絲線的震

顫，急速一跳的踩過標誌線的跳遠，讓人憑添遺憾，圍棋對局中一招不慎會激起多少觀衆的情感波瀾。可以說，競技體育帶來人們的情感體驗是其他娛樂活動所無法相比的，悲壯美、崇高美、遺憾美這些審美體驗用競技體育來詮釋是最恰當不過了。更可貴的是，體育欣賞還可以在很大程度上昇華社會的情感，從衆多層面提升社會的情感水準。

第四，對人類行爲規範的遷移。競技體育的激烈和對抗是建立在嚴格的規則限定和道德戒律基礎上的。公平競爭是它準則的靈魂。這樣的行爲規範可以透過大規模的體育比賽形式自覺和不自覺地遷移到人們的社會法規觀念裡，形成人們現實生活中遵紀守法的思想和行爲。對於現代人來說，體育道德確立了一種他們必不可少的在競爭中守法的規範。

第五，形成社會程式的定型。大型的體育比賽雖然並不按國家統計團體總分，但一般都以升國旗、奏國歌作爲對勝利者的獎賞，這其實是一種對國家威望和民族尊嚴的維護。奧運

會的舉行更是以聖火傳遞的大範圍、長時間來
對社會心理的聚合產生積極的作用。這些程式
化的活動往往成為一種文化慣性從競技體育中
轉移到一般的禮儀慶典中去。

競技體育還是一種價值觀念的載體，在其
中可以反映出頑強、堅毅、勇敢、競爭、成就、
民主、效益、開放等觀念，這些積極進取的觀
念都可以遷移到人們廣泛的社會生活中。這些
無形的精神價值比上述有形的價值更有意義。
它在人們的不經意間內化於各種社會活動的行
為和觀念中，使得社會的人格在整個人類文明
的發展過程中煥發出異常耀眼的光芒。

二、奧林匹克文化

有史可查的古代奧林匹克運動的歷史已經
有二千多年了，現代奧運會也已經走過了一百
餘年的歷程。無論從古代奧運會濃重的祭神目
的，還是當時留下來的寶貴體育精神財富來

看，無論從現代奧運會誕生的國際背景和它的
歷史使命來看，奧林匹克運動都無可爭議地成
為當代世界體育文化的核心代表。五環標誌在
世界上成為知名度僅次於紅十字的標誌，這非
常生動地詮釋了奧林匹克文化在當代世界的影
響和價值。

　　奧林匹克憲章指出：奧林匹克主義謀求把
體育運動與文化和教育融合起來。這鮮明地闡
述了奧林匹克運動的文化意義。國際奧委會主
席薩馬蘭奇不止一次宣稱：奧林匹克就是體育
加文化。目前擔任國際奧委會文化委員會主席
的何振梁先生多次闡明了自己的奧林匹克文化
觀，提出了「體育本身就是一種文化」的論斷。

　　從奧林匹克運動的文化體系中，我們更可
以找尋到豐富和深刻的文化內涵。

　　「和平、友誼、進步」的奧林匹克目標：
其中包含著透過體育活動鍛造身心全面發展的
人，進而提供勞動生產率，推動社會生產力的
發展，促進整個人類進步的文化發展機制。體
育文化還可以在具體的體育鍛鍊和運動競賽的

過程中達到促進社會交往，昂揚社會精神風
貌，增進人們之間友誼的目的。值得強調的是，
體育運動的表現形式是激烈的身體對抗和智力
較量，有時甚至是殘酷的。這看似非常不文明
的行為其實孕育著更高意義上的文明，它符合
哲學和文化學意義上的極性互衝規律。其意義
為：在最不友善的爭鬥行為中提出最文明的要
求，使得參與者和觀賞者獲得一種在激烈衝突
中的美感。可以說，奧林匹克文化以奧運會為
最集中的文化展示形式向世界宣告，不同國家
和民族、宗教信仰、膚色的人們可以在體育文
化中，在奧運會上感知到人類和平的可貴。對
於整個人類來說，和平、友誼、進步是永恆的
主題，幾乎能夠將自己的觸角伸向整個世界各
地的奧林匹克文化對於實現人類的這一理想具
有無可比擬的優勢。體育文化的親和力為其爭
光添彩。

　　「更快、更高、更強」的奧林匹克格言：
人類具有向善、崇真、求美的天性和本能，奧
林匹克運動以「更快、更高、更強」作為自己

的格言，無疑迎合了人類的這一理想。直觀顯性和宏大親和的體育運動表現形式本身就有很強的號召力。加上「更快、更高、更強」的格言提出了一個不斷超越前人和他人的目標，超越自己原有能力和人類認識侷限的目標。這樣，體育運動的表現形式就趨向激烈和擴張，成為人類追求美好前程的一個標誌。而且，體育運動鍛造出的這種精神透過奧林匹克文化的各種形式（宣傳畫、郵票、紀念品、藝術作品展覽等）傳向世界各地的各色人等，進而提高人類在其他物質和精神活動中的能力，使得「更快、更高、更強」的精神成為人類精神領域中最有魅力的一部分。誇張一點說，快、高、強實質上是人類美好能力的綜合象徵，追求更快、更高、更強的人類於是就可能達到真正美好的境界。

　　「參與比取勝更重要」的奧林匹克口號：人類活動的參與和取勝是一對具有廣泛意義的語詞。從最一般的意義上講，參與的價值就在於它為取勝創造了最基本的條件。沒有參與，

取勝就無從談起。但是，必須十分注意的是，奧林匹克文化並不簡單地理解參與和取勝的意義。它並不像許多曲解奧林匹克文化的人僅僅強調「重在參與」或者「金牌就是唯一」，而是將二者十分有機地結合起來，它更多地崇尚冠軍和金牌，但翻閱今天的奧林匹克文化史冊，我們也可以搜尋到不少雖然奮鬥、超越了自身但沒有獲得金牌的拼搏者的故事，這就是奧林匹克的品格。它要求參與，它鼓勵超越，它讚賞冠軍，它弘揚進取精神。與此同時，它反對屈服，排斥畏縮，禁止虛假，樹立在競爭中求勝的人格豐碑。整個人類的文明史，實則就是一部這樣的鬥爭史。可以說，奧林匹克的這句口號昭示了人類發展生生不息的法則和靈魂。

　　此外，奧林匹克文化中還有重視體育藝術發展的傳統，它對奧林匹克文化意蘊的豐厚也起了十分重要的作用。奧林匹克五環標誌的詮釋、反對種族歧視的態度、提倡公平競爭等，也使得奧林匹克精神深入人心。正因為如此，今天的奧林匹克文化被某些學者稱為是當今世

界體育文化的代名詞。

三、學校體育文化

　　學校體育文化顯然是學校文化與體育文化的功能連接環，是教育文化與體育文化共同交叉的領域。在功能上，學校體育文化不僅對德育、智育、美育、技術勞動教育等其他與體育文化同屬於教育文化體系的文化產生良好的促進作用，而且在對同屬於體育文化體系競技體育文化和群眾體育文化也產生積極影響。

　　校園體育文化具有自身獨特的性質。首先體現在內容體系龐雜，蓋其涉及體育教材文化、體育課程文化、體育法規法令、課外體育文化、體育觀念系統、體育生活方式、體育人才輸送、學校運動競賽、學校體育傳統與風氣、學校運動隊伍建設和管理，以及由這些文化內容和活動帶來的學生體質增強、技能提高、心理完善等多種良好效應。其次表現在類別的繁

多，可分為教職員工體育文化、學生體育文化，
也可分為學前、小學、中學、大學、研究生體
育文化，還可分為體育學院文化和普通學校體
育文化。第三表現在功能的指向多樣，從發展
角度言，可以發展身體技能和身體素質以及適
應能力，乃至於提高智力；從培養的角度言，
可以傳授體育知識、技術、技能，培養體育動
機、興趣、愛好、習慣；從教育的角度看，可
以提高思想品質、審美水準，完善心理素質；
從社會的角度看，可以促進個體社會化和人際
交往，培養社會活動能力，為社會培養體育人
才等。最後表現在內外部關係的衝突與協調
上，學校體育文化的內部構架中，課內與課外
體育文化、體育教學與運動訓練文化、學校競
技體育和業餘體育鍛鍊文化等，常常會發生矛
盾衝突，需要進行調控才能使之沿著合理的方
向發展，在學校體育文化與外部文化的交往
中，學校智育文化、德育文化、美育文化、技
術勞動文化以及校園整體文化風格，也會與學
校體育文化發生矛盾衝突，而且這種現象在中

國長期存在，使得體育文化在學校始終難以獲
得應有的地位。這些矛盾的解決需要更大的努
力。

　　鑑於學校體育文化的上述複雜性以及它倍
受冷落的現狀，很有必要將學校體育文化作爲
一個在理論和實踐中的重要課題來對待。解決
了學校體育文化的諸多問題，對於理解整個體
育文化的地位和價值，具有十分重要的基礎和
戰略地位。

四、娛樂體育文化

　　娛樂和體育其實是屬於雖然看似相似但卻
不同層次的兩個概念。娛樂表現的是一種心理
和情感，體育表示的則是參與活動的內容與方
式。娛樂之所以和體育結緣並且出現娛樂體
育，並不是人們隨意生造詞彙，而是體育和娛
樂具有的天然聯繫所決定的。也可以說，體育
的娛樂功能和價值是娛樂體育在世界各地廣泛

出現的內在依據。

　　對於競技體育來說，雖然參與者自身會有娛樂感受，但它更多的是一種他娛而非自娛文化。因爲競技體育追求的是一種可以讓觀衆接納的精神價值，他娛是這種價值的主要組成部分。群衆體育則可以把娛樂體育的開展作爲自己最大的任務。無數研究證明，人類具有天生的遊戲精神和娛樂原欲（人一生下來就有娛樂的欲望，人是欲望的動物），德國哲學家席勒有關「人與遊戲」的著名論斷也說明了娛樂在人類生活中的根本重要地位。當今社會，大量的民間體育與冒險體育、自我體育、體育旅遊都體現出人類借助體育獲得娛樂的強烈追求。從娛樂欲望到身體娛樂，從身體娛樂到心靈愉悅，從身心愉悅到整個人的娛樂，從人的娛樂到社會的有序，這就是娛樂體育的發生和發展機制。

　　值得強調的是，娛樂體育與遊戲具有的密切關係，使得兩者的區分十分困難。體育遊戲的大量出現其實就是人類娛樂需求在體育上的

反映。足球、體操、武術、游泳等大量的遊戲
項目的出現，已經使得娛樂體育成為體育文化
領域中不可忽視的一支力量。在本原上屬於群
眾體育的娛樂體育向競技體育、學校體育領域
的滲透，已經成為一種歷史的必然。死抱著學
校體育增強體質的傳統觀念，排斥娛樂體育進
入學校體育課外活動乃至體育課的行為和思想
是不合時宜的。因為對於正在生長發育的大多
數中小學生來說，身體技能的改善固然重要，
但心理的健康也不容忽視。很難想像，一項讓
學生感到厭煩的體育活動能夠對他們的身體產
生什麼積極的影響。「心違」帶來「身逆」，忽
視娛樂進行體育教育，終將使得健身的價值和
娛樂的價值都難以實現。可見，在學校體育中，
娛樂體育大有可為，沒有它，實現學校體育增
強體質、提高技能的目標就會大打折扣。競技
體育領域也迫切需要娛樂體育的介入。作為以
追求卓越運動成績為己任的運動員，他們的訓
練和比賽中必然伴隨著諸多痛苦，如果一味地
強迫他們忍耐，必然造成身心和諧的破壞。所

以，在競技體育的訓練中引入娛樂體育並不會
沖淡訓練的意味，反而將在另一個層面帶來訓
練效果的改進。中國大陸乒乓球隊經常讓隊員
進行一些娛樂體育活動的作法，是值得肯定和
借鏡的。

　　在當今社會造成人類的「現代文明病」（因
運動不足和居住高樓大廈、缺乏交往等帶來的
綜合病）難以消除情況下，娛樂體育的生命力
將更加強大，娛樂體育文化大有可爲。

五、運動看臺文化

　　在當今競技體育的生長要素中，有一個最
不容忽視的群體，那就是體育觀衆。無數的體
育觀衆成爲支撐競技體育的基礎力量。如果用
經濟的眼光來看，可以說，觀衆就是買主，沒
有買主的市場是不存在的，整個活動就無法進
行。因爲在運動賽事的運作過程中，觀衆形成
一個特殊的群體，同競技者發生密切的雙向關

係，直接影響競技體育的發展，這個群體有自己特殊的構成方式、心態和行為表現，構成一種特定的群眾文化，並且對競技者也產生明顯的影響。德國球星魯梅尼格說，賽場上的氣氛至關重要，球員如果聽不到球迷的喊叫，比賽就覺得不真實，就興奮不起來。這說明競技者對觀眾的依賴關係。當然兩者是相互依存的，觀眾就是因為有欣賞高水準比賽的需求才能成其為觀眾，也才能形成運動看臺文化或體育觀眾文化；又因為當今球類項目，尤其是足球倍受歡迎，有時也可以成為球迷文化。

西方在研究球迷的行為和心理時提出了"stands culture"一詞，中國可以把它翻譯成運動看臺文化或體育觀眾文化。看臺一般是指室外體育比賽或表演場中的長排觀眾座席；在人們的觀念中，看臺一般是指運動競技的觀眾座席，由此推演，看臺通常就可以指運動競技的觀眾。應該說，看臺自身就是歷史發展的產物，它具有一定的社會文化關係內涵。無論什麼項目的比賽，看臺的主體和靈魂都是觀

衆，觀衆的職業、年齡、地位、身分、行爲表現、心理反映，共同構成一種體系龐雜的社會文化現象。這些因素的變化都有可能影響到競技者的表現。

法國球星坎通納被一個球迷辱罵而激憤的飛身踹了這個球迷。中國也出現過球員不能容忍觀衆的人身攻擊甚至人格侮辱而打人的事情。但是，對於這樣事件的處理，西方和中國似乎有不同的方法和觀念。坎通納被禁賽的同時，辱罵他的球迷也被禁止一段時間觀看比賽。而中國打人的球員受到處罰，辱罵球員的球迷則沒有得到處罰。奉行「顧客就是上帝」的西方商業觀念並沒有使得體育的管理者一味遷就觀衆，而在商業經營方面屢屢出現侵犯顧客權益的中國似乎走進了「觀衆就是上帝」的體育組織管理觀念中，也許是中國的體育比賽還缺少觀衆，中國的體育賽事經營管理尚未步入成熟的階段。不管怎麼說，這本身就可以構成體育看臺文化的一部分。

所以，運動看臺文化這個概念，不僅表示

競技體育賽事進程中觀眾的心理和行爲的總
體，也包括圍繞競技者和觀眾甚至管理者多方
的社會關係，是一個由看臺和傳媒聯結起來的
具有共同心理需求的特殊社會集群和社會文化
現象。總的來說，看臺文化是由物質的看臺建
築、觀眾守則、觀眾心態和行爲、觀眾與競技
者和管理者、新聞媒體等構成的文化統一體，
是體育文化必不可少的組成部分。

六、運動服飾文化

　　服裝是人類文明的產物，它甚至從來就不
是單一爲防寒而創造的。遮羞、審美等人文因
素從一開始就滲入了人們的服裝製造中。從邏
輯上說，實用是服飾的第一需要，但使用也往
往受到社會道德和傳統習慣的制約。趙武靈王
「胡服騎射」就是一個典型的歷史例證。
　　在運動服的歷史上，實用功能開始應該體
現在爲運動服務方面。由於運動對身體和身體

動作的特殊要求，運動服飾的使用範圍應該是
很受限制的。但是，作為一種為運動而設計的
服裝，體育服飾卻往往比其他服裝更快地進入
普通人的生活裡。除了一些專業性太強的泳
衣、體操服等之外，許多體育服裝較快地步入
尋常百姓家。

　　另外一種情況是，在歷史發展的長河中，
在許多情況下的運動服並不是以實用為準則，
也適應了其他活動的需求。伴隨著體育文化和
體育明星、特殊運動項目的影響加大，運動服
脫離了專業運動員使用的範圍，形成了運動服
的廣泛適應性和流行範圍，並且在眾多樣式的
服裝中獨樹一幟。其中的原因複雜，既有運動
服自身主動適應群眾使用需要的普適性改革的
原因，也有體育文化在世界上成為時尚的推動
作用。可以看出，在人類體育運動的發展過程
中，圍繞運動服飾的文化現象已經形成為一個
聯繫廣泛、具有獨立探究價值的文化系統。

　　經歷了早期美感與實用交織的過程，走過
近代女式運動服表現和展示性別特徵、男式運

動服象徵社會地位的過程，現代運動服已經逐步融入時裝的潮流中。直到今天，運動服飾中最具特色的奧運服飾的潮流，在運動型和典禮型、維護民族榮譽感和溶入國際主義節日氣氛之間徘徊不定。用某些學者的話來說，各國代表團參加的奧運會入場式就像一次特殊的時裝演示會，已經發展成為各參賽國間接展示民族風采的一個絕好機會，成為服裝行業把體育場變成具有世界影響性的時裝展示的最好時機。

運動服飾文化顯然超越了單純體育文化的範疇，進入了整個服飾文化乃至審美文化、時尚文化的領域中。

第七章
不同項目體育文化

　　任何體育項目都是人類創造的產物，是人類生產和生活智慧的結晶。因此，流行時間長和傳播範圍廣、影響深遠的體育項目，都包含著不同區域和時代人們的體育情感取向和體育審美觀念等濃厚的體育文化意味。研究者都可以圍繞項目本身挖掘出許多有關該項目的的體育文化規範，反映出項目與社會文化的較爲有規律的發展模式。全球盛行的足球、激烈搏鬥的拳擊，令人迷惑的鬥牛，令人神往的中華武術和氣功，美國的四大國球——棒球、籃球、橄欖球、冰球，在軍事和武術歷史長河中飽經滄桑的戟、戈、刀、劍、槍、箭、棍；在東方

綿延不絕的把握生命的養生方式，展示心靈歡娛的節令娛樂如高蹺、拔河、龍舟、秋千、風箏等等，無不可以圍繞項目本身挖掘出一系列體育文化的內容。

　　在世界上，亞洲各國的體育運動歷史悠久，內容豐富，形式多樣，異彩紛呈。中國的武術、氣功、龍舟競渡、踢毽子、舞獅舞龍；日本的柔道、大相撲、弓道、劍道；韓國的秋千、跳板、跆拳道；印度的瑜伽、象球賽、蛇船賽、卡巴迪；蒙古的馬術、射箭、摔跤；緬甸的藤球、蛙賽跑、端水賽跑、婦女角力；馬來西亞的紙鳶賽、陀螺賽、藤球；印尼的賽牛、跑牛賽、跳石馬；巴基斯坦的拔椿比賽；斯里蘭卡的爬樹、打椰子、拉角等等，都是亞洲各國的傳統體育項目。這些項目包含著濃厚的哲學、宗教、習俗以及審美觀念等，是人與自然和諧和完美結合的最好驗證，與生產方式、醫學、健身、風俗、道德、思想、藝術、兵法、制度等都有著密切的關係。從這些不同項目的體育文化可以看出，它們雖然各自有項目運動

方式所決定的不同規定性，但又植根於共同的傳統文化的大背景下，又體現出倫理性、整體和諧性、禮儀性等共通的特徵。可見，項目體育文化也具有深刻的文化內涵。

當然，項目體育文化不會僅由項目的運動形式和方法所決定，它還不能脫離項目產生的發展的社會文化背景、項目組織管理的有關制度、項目發展的社會文化因素等多種文化要素。在另一層意義上，我們還必須強調：探討項目體育文化的內涵更為重要的是項目的運動方式所潛隱的文化特質，當然也應該充分注意影響項目發展的社會文化環境，兩者缺一不可。當前的狀況是，許多項目體育文化研究者往往忽視了項目的活動方式與人類情感和思想的契合之處，大多將注意力轉向探討項目產生的社會文化背景。這是必須加以特別注意的。

下面擇取幾個在世界和中國影響較大的項目體育文化進行簡單的闡釋。

一、足球文化

讓我們先從分析足球運動的特點開始。根據茅鵬先生的研究，足球主要具有以下幾個特點：

第一，足球運動將人體結構進行了根本的變異。人體正常結構是雙腳支撐身體，雙手運用外物，頭部屬於被保護和防止撞擊的部位。而足球活動卻將靈活的手轉為從屬於腳的地位，並且用頭去起到任何其他體育項目中沒有起到的作用。這樣，相對於正常的人體運動來說，足球的動作難度很大，沒有長期、科學、艱苦的訓練不可能達到高水準。

第二，足球的基本運動方式蘊涵了無窮變化。用腳踢球，顯然是凸面對凸面，但它帶來的變化多端，造成球的方向、路線、力度、速度、旋轉、落點等均難以把握和控制，必須經過精確度很高的訓練才能達到目的。而手球、

籃球等凹面對凸面的難度自然要小，即使是高
爾夫球、曲棍球、棒球等的難度也比足球小一
些。

　　第三，足球運動過程中真假融合的要求使
得難度更增。人的自然動作要求意到、情到、
目到、動作到，渾然一體。但在對抗性的足球
動作中，一般都要求作出雙重、三重動作，示
敵、示友、示運動本身。「示意」和「運動」同
為多肌肉「作出」的動作，卻要將原本的渾然
一體拆散，這必須艱苦訓練才能見效。

　　第四，足球運動需要把調動對方和運動自
己結合起來。足球中極少自然正常的跑動方
式，路線常不取直線而取曲折變換，快捷自然
地做到這些，非常困難。

　　第五，足球運動變「範型性技術」為「意
識性技術」。在足球比賽中必須選擇自己掌握
的技術，使用技術和時機要靠足球意識，任何
技術必須具有很好戰術化才能更具威力。在場
下技術再好也有可能在場上作用不大。當然，
由於足球技藝具有高難度和高複雜性，球場上

　　微弱的技術差距造成的偏差便很大。

　　　　足球運動技術和戰術的高難度、多變化、需要艱難訓練、偶然性較大等要素，實際上也蘊涵在這項運動的文化理念中。

　　　　足球的「圓」象徵了無限多樣性、多種需求的普適性；足球技術的「活」預示著實現目標的極大難度和實現空間的無限拓展；足球的「最難」釀造了實現它的「最美」，帶來了人們對足球的迷戀和對球員的崇拜；足球場面宏大釀造了最激烈、壯觀的展示，成為人們逃避世俗紛繁的良好場所；足球的最刺激源於宣洩與展示自我的體驗；足球中感性與理性的結合，促成了非功利性與最高功利性的統一；足球外在高強度的對抗要求，契合了人的欲望消費的多種需求；足球對各器官潛能的極度發揮孕育了以足為主，系統整合昇華的體能創意、競技性、藝術性。

　　　　可以說，幾乎一切人類體育文化的要素都可以在足球文化中找尋到。它最根本的生命力來源於人類對自己欲望實現的期待和努力，反

映了人類生生不息地對自身的認知、發展的開
發的渴望。如果說足球社會化存在的諸種政
治、經濟、文化的制約因素，反映的是足球進
入人類生活的必然遭遇的事實合理性，屬於或
然率範疇的現象特徵，那麼，促使足球普泛狂
熱地爲人類生活接受或認可的動力，則必須要
透過對人的生命內部諸多自我實現與超越的自
我意志的審視加以現實的辨識。可以說，足球
是人的「生命對象化的存在」。

　　後現代主義（post-modernism）的理論告
訴我們，在觀照具有全球性現象的事物存在本
質時，首先必須考察這類事物的存在在何種方
式上滿足或承載了人類熾灼的欲望成分或內
涵，否則就無從解釋這類事物如何屢禁不絕、
周行全球的原因。

　　我們可以而且必須從欲望的層面上來理解
足球文化這種在全球引人瘋狂的體育文化。

　　人總是有企圖超越一切的本能欲望，足球
則在創造、檢驗、體驗這種欲望。足球看似是
對「手」的限制，其實乃將「手」的作用視爲

人類存在智慧的既定標誌或象徵，因爲手是腦即智慧的具體延伸，這樣「足」淋漓盡致地發揮集中體現了人類具有總是不滿足於現有的文明成果，總想超越自身無窮無盡的本能。如果缺乏這種欲望本能的自由創造和內心感召，人類只能是直立行走的家族最終的一員。守門員的設置，將「手的放逐」集中到球門這一點，守門員透過手來與足球場上所有的足相抗衡，形象地勾畫出人類無止境自我衝刺的欲望消費的社會進化的文明實質。射門的一刹那即是足球遊戲足的原則勝利的具體標誌，守門員的「失手」就是人類超越了自身的既定處境，獲得了相對超越欲望的充分滿足的輝煌聖境。

具體地講，綠茵的足球場地猶如人類實現自我欲望的最集中的場所。人類直立行走後，曾經役使動物，並從此把自我從動物中劃分出來一舉成爲「萬物的靈長，宇宙的精華」，於是極爲悲壯而又富於崇高地告別遊牧時代。此刻，人類又不能不體驗、倘佯、緬想遠古之聖祉與福音，於是二十二名球員聚集在綠蔭場上

就成爲人類實現這一夢想的集體幻象。綠蔭法官——裁判在二十個矯健的身影裡雖然渺小，但它代表的是人類的律令，主宰著賽事進展的程序及結果，充當的是人類欲望熾燃與智慧爆發的直接策動者。而痴迷癲狂的觀衆，從中觀取的則是自我無功利性的精神遊戲的至上快感，觀取的是群體投入的神聖慶典。足球場上的形勢變換，攻守轉換潮湧般的氣勢，臨門一腳，精采絕倫的隊員盤帶技術，賞心悅目的傳接中時間與空間的相互轉換形式，激性與想像淋漓盡致的發揮，智慧與創造的瞬息呈現，個人的天才風範與恪守集體意志的完美結合，從多方面高度整合了人類「知、情、意」的多重欲望和需求，又從每個方面直接誘導了人類欲望的宣洩與靈魂的昇華。足球是體能的較量，又是智慧的創意，是時間的超越，又是空間的拓展，是藝術流暢的線條，是貫通的氣韻。一言以蔽之，足球是圓的，它屬於人類欲望直接對象化最完美無缺的形式。

　　我們還可以從一些大陸作家和藝術家的話

語中感受到足球文化的魅力。

　　畫家王超說，足球融合智力；歌唱家鬱鈞
劍說，他愛看藝術感覺好的運動員踢球，藝術
講究悟性，靈動的感悟，好球員要有自己的想
像力和創造力；作家劉震雲說，足球是人根本
力量的煥發；中央電視臺主持人趙忠祥說，足
球最能體現個人的魅力和價值，足球像完美的
散文詩；作曲家徐沛東說，足球具有音樂的爆
發力，給人以衝擊感和衝擊力；藝術家朱琳
說，足球是一切活動中對抗性強、技術性高、
藝術性純的運動，像高速流動的圍棋，完全是
舞蹈；散文家程鶯眉說，一場足球一場戲劇；
作家池莉說，足球是一種藝術，足球藝術堪稱
眞正的藝術，足球與藝術都要進入審美感受之
中，足球給我們提供最大的藝術享受；作家蘇
叔陽說，足球和作家、藝術家一樣都在表達自
己的人生觀和世界觀，只不過足球運動員用的
是生理技能（摘自中央電視臺《足球之夜》節
目）。

　　足球之所以成爲當今「世界第一運動」，乃

其文化內涵起了決定性的作用。

二、圍棋文化

　　同為黑白兩極構成的文化，圍棋也是具有無限深邃的文化內涵，在當今世界尤其是亞洲，成為一項影響重大的文化活動。

　　元代大儒虞集曾經談到圍棋：「有天地方圓之象，有陰陽動靜之理，有星辰分布之序，有風雷變化之機，有春秋生殺之權，有山河表裡之勢，世道之升降，人事之盛衰，莫不寓是。唯達者，守之以仁，行之以義，施之以禮，明之以智。」從中可以看出，圍棋蘊涵著天道和曆法等變化，帶來無窮無盡的變化，十九道三百六十一線的棋盤包含的下法難以窮盡，所謂「千古無重局」就說明了圍棋的變化之多，這種變化使得各種人都可以從圍棋中領悟到別人難以領悟到的東西。

　　無論在古代中國和現代中國，圍棋作為一

門特殊的藝術和競技活動，都令無數文人墨
客、平民百姓爲之傾倒和著迷。圍棋誕生於中
華特定的文化土壤上，必然帶有中國古文化的
烙印。圍棋的技藝部分和文化部分，即圍棋在
文學藝術、科學技術、文化學術、新聞出版等
領域中表現的部分，構成了圍棋文化的總體，
而這種文化現象則或多或少地反映到人們的社
會活動中。只要稍加留意，我們便會發現許多
與圍棋關聯的事物。譬如一些東西參差錯落的
存在，被比喻爲「星羅棋布」；對一件事情拿不
定主意，猶豫不決稱之爲「舉棋不定」；而人們
習慣性說的「旁觀者清，當局者迷」則來源於
仔細觀察棋局和對局中的生動體驗。可以說，
圍棋是中國的奇葩，體現著中國的文化精髓。

　　先從歷史上來看圍棋發展的足跡。

　　古代中國，總是把「琴、棋、書、畫」相
提並論，也把會不會下圍棋作爲是否高尚典
雅、多才多藝的一種表現。現代中國，圍棋作
爲一種高級的、趣味濃厚的智力競技活動，越
來越受到人們的歡迎。

　　是中國傳統文化孕育了圍棋。圍棋在知識分子中傳承以後，越來越多地成爲詩、詞、歌、賦吟咏的對象，成爲文學作品和繪畫的題材。這些作品和藝術形式把圍棋的玄妙和高雅形象化、藝術化地再現出來，增強人民對圍棋美的享受。著名的唐代詩人杜甫即興吟誦的詩局：「楚江巫峽半雲雨，清覃疏簾看弈棋」，只有十四個字，卻把弈棋、看棋、天象、時節、環境、景物用高度精練的藝術語言巧妙地組合起來了，形成一幅「妙境，繪畫不到」的「千古絕唱」。《西遊記》的作者吳承恩愛棋不迷棋，提醒自己和他人：「儂家自愛虛窗日，未可輕於局上消」。白居易登上觀音臺眺望長安景色時，隨口吟出「百千家似圍棋局，十二街如種菜畦。」把京城「百千家」和「圍棋局」的形象自然地結合在一起，強化了詩的藝術形象。再加上「十八學士圖」、「四皓圖」等衆多弈棋名畫，生動地說明了圍棋與中國古代文化的血肉聯繫。

　　明清兩代的圍棋盛行，同時期的小說中也多見對圍棋的描述。一些著名的古典小說透過

圍棋渲染場面、刻畫人物。《三國演義》第七十五回「關雲長刮骨療毒」,透過描述關雲長與馬良弈棋、華佗動手術等細節的近一千字描寫,把一個「美髯公之絕倫超群」的想像呈現在讀者眼前。人物活靈活現,呼之欲出。《三國演義》中描寫下圍棋的情節除了第七十五回以外,還有第六十九回和第一百二十回等章節。吳承恩《西遊記》的第二十六回「孫悟空三島求方,觀世音甘泉活樹」中寫到:「孫行者看不見仙景,徑入蓬萊。正然走處,見白雲洞下,松蔭之下,有三個老兒圍棋,觀局者是壽星,對局者是福星、祿星。」此外,該書第九、十回還詳細描寫了魏徵夢斬涇河老龍之前,唐太宗召他下棋的情況,引述了《爛柯經》,即《棋經十三篇》中〈合戰篇〉的涵義。

許仲琳專講神鬼的《封神演義》也講了殷紂王和費仲、尤渾下棋的故事。蘭陵笑笑生的《金瓶梅詞話》在第十一、二十二、二十三、二十五、五十四、七十二、八十二等回中多次寫到了下圍棋。凌蒙初的《二刻拍案驚奇》中

有一篇題目叫「小道人一著饒天下，女棋童兩局定終身」。蒲松齡的《聊齋誌異》在總計四百八十八篇故事中有十五篇講到了下圍棋，其中還有「棋鬼」一個專篇。吳敬梓的《儒林外史》在五十五回中講到圍棋的也有六回。

　　無論從描寫圍棋的回數、目數，還是具體刻畫下圍棋的人物、形象、場景，當首推曹雪芹的《紅樓夢》，在全書一百二十回中涉及到圍棋的有十六回。更難得的是，曹雪芹還透過對圍棋吟咏的詩句反映了賈府的盛衰，第十七回〈大觀園試才題對額〉中，賈寶玉題了一副對聯「寶鼎茶間酒尚綠，幽窗棋罷指猶涼」，反映了賈元妃回家省親前榮府的豪華氣概，第七十九回寫到賈寶玉到紫菱洲一帶，看到往昔的滿目繁華已經變成「軒窗寂寞」時，信口咏成一歌，歌中有「不聞永晝敲棋聲，燕泥點點污棋枰」，顯得凄涼蕭瑟。

　　「古今之戲，流傳最久遠的，莫如圍棋。」把圍棋列入永恆的藝術之中，完全是順理成章的，當代圍棋在過去的基礎上消化、深入、突

破、創新。

　　再從圍棋蘊涵的文化哲理來看圍棋文化。

　　圍棋與易經關係密切，形式上，黑白子，一陰一陽，正如東漢史學家班固所說：「棋有黑白，陰陽分也。」內容上，陰陽對立、陰陽互根、陰陽感應、陰陽消長、陰陽轉化等等易經之道，也是圍棋之道。已經闡發的整體（聯繫）觀、動態（變化）觀、和諧（協調）觀等辨證觀點，是弈棋的基本思想。圍棋包含深刻的哲理與科學性的根源就在這裡。著名的《棋經十三篇》說：「枯棋三百六十，白黑相半，以法陰陽。」可以說，圍棋是易經的一個模型，而易經又反映宇宙萬物，所以「黑白世界」與現實世界是相通的，「棋如世事」、「棋如人生」的說法十分貼切。圍棋可以反映現實世界，正如「搜羅神鬼聚胸臆，指致山河入範圍。」

　　圍棋還具有啓發心智和開發智力的作用。圍棋的美存在於圍棋的有形與無形之中，棋具的美，局方圍棋，摹狀萬物，任人遐想，黑白二子，色彩對比，情趣別緻；棋形的美，棋子

進退伸縮，若來若往，有動態美，黑白子構成
變化萬千的造型則呈靜態美。日本棋手大竹英
雄行棋重形，重構造，而不甚重輸贏，在棋壇
獨樹一幟，被譽爲「美學棋士」。在感覺的背後
是棋理的美，計算美、變化美、謀略美、創新
美等等。棋理深奧、神奇，用老子的話說是「玄
之又玄，衆妙之門」。還有棋藝的美。行棋布子
表現棋手的藝術修養和風格，或大刀闊斧，痛
快酣暢或精雕細刻，徐紆舒緩，或鋒芒畢露、
氣勢磅礴，或深隱含蓄，暗藏機巧，都具有藝
術美。棋情棋感之美更是圍棋文化獨特的美。
爭地奪勢，得失勝負，投合人的爭強好勝之心，
幾起幾落，優劣變換，撩起人們的興奮和沮喪
之情。圍棋的美還在於弈棋的「整個活動空
間」，圍棋不是任何地方都可以下，而是需要一
個潔淨的環境和標準的棋盤，情景交融往往是
圍棋遊戲中常見的好情境。

　　圍棋眞、善、美的行爲方式，可以具體化
爲「有理、有利、有節」的行爲方式。這是圍
棋技術的基本。下棋首先要講究棋理，如布局

「金角銀邊草肚皮」、「高低配合得空多」等，
戰術方面「同行適其中」、「壓強不壓弱」等等。
行棋要講理，「妙著的妙處，就在於這裡下子具
有必然性」。相反，不重棋理，或下「無理手」，
棋逢對手自然會失敗。

下棋歸根結柢要講究有利──得地、取勢
和最終獲勝，有理的目的還在於有利。棋手隨
時都要盤算戰略的價值、戰術的價值，如搶先
手和棄子得力等。棋藝高低之別，就在於衡量
價值大小的水準高低。

有理、有利之外還要有節。要掌握好度，
既不過也無不及。行棋戰略上，不及，則保守
失利，過，則貪勝致敗；戰術上，不及，則成
為弱手，過，則出現破綻，欲速不達，如「逢
中下子」就是一種準則和度。使得棋子舒展而
不凝重，協調而不混亂，充滿秩序和節奏感，
步調美。棋手的情緒在行棋時要保持好度。「躁
而求勝者，多敗。」

真、善、美與有理、有利、有節是內在統
一的。合理才會有利，度也基於理，而有利才

有美，所謂「棋形的美不在外表，有價值的棋才美。」總之，圍棋的美麗正在於圍棋的眞、善、美——棋理深奧莫測，引誘你探尋究竟；利益爭奪激烈，驅使你逐鹿中原；美感瀲灔四方，吸引你沐浴其中。

三、武術文化

作爲一種特有的身體文化，武術具有不同於許多西方體育文化的獨特文化意蘊，中國傳統文化的黏附性、獨特的身體技巧、審美情趣和技擊表現力，使它在許多方面超越了西方的體育文化。太極、形意、八卦的陰陽五行八卦哲學意味，少林、峨嵋、武當的宗教色彩、螳螂拳、蛇拳、鷹爪功的仿生思想，都不是西方體育文化所能比擬的。

中國武術在超穩定的封建搖籃裡已經走過了兩千年的歷程。在自給自足的小農經濟環境裡，在天人合一和陰陽五行、太極八卦的封閉

哲學圈子裡，在兵戎相見、金戈鐵馬的烈火硝煙裡，在宗族械鬥、秘密結社的社會氛圍裡，在寺廟觀宇、青山綠水間，在宮殿深宅、茅屋敝房裡，中國武術走得既艱辛又豪邁，既大度又小巧。她的種子灑遍中原大地、江南水鄉，乃至邊境邦國，她的經脈連接著宮廷大員、名商富賈，乃至鄉野村夫。

　　進入近代，當刀、槍、劍、戟讓位於洋槍洋炮的時候，當義和團神兵的身體被洋槍掃射得像蜂窩一般的時候，當西方的體操、田徑、足球、籃球等項目湧入中國國門的時候，中國武術著實遇到了嚴峻的挑戰。但是，幾千年深厚的文化底蘊釀就的武術文化還是頑強地生存下來，並且獲得了新的發展機遇。霍元甲及其以後陳公哲等人的努力，造就了名冠華夏、威及南洋的精武體育會；1928年和1933年由「中央國術館」組織的「國術國考大會」，是可以與全運會媲美的武術全運會。王五、孫祿堂、楊露蟬、陳微明、杜心伍等武術名家的影響深遠，曾國藩、馮玉祥、張學良、張之江等重視推廣

武術的政治和軍事名人，爲武術的發展作出了貢獻。1933年中國武術代表團訪問東南亞，在華人社會傳播了武術；1936年中國武術隊赴德國柏林參加奧運會表演，更是給當時在賽場一無所獲的中國代表團挽回了面子，就連納粹首領希特勒也讚揚中國武術的美妙和神奇。

進入80年代以來，武術國際化成爲中國武術發展的一項重要任務。目前，中國武術已經進行了大量的武術改革與嘗試，積累了豐富的經驗教訓，推進了武術的國際化。目前，已經舉行了四屆世界武術錦標賽，武術曾經是三屆亞運會的正式比賽項目，亞洲武術錦標賽和歐洲武術錦標賽也不斷舉辦。1990年國際武術聯合會的成立和1994年成爲加入國際單項體育聯合會，都使武術成爲國際體育的一支生力軍。經過第四屆世界武術錦標賽，國際武術聯合會的成員已經達到七十七個，超越過了國際奧運會批准奧運會項目的數目——四大洲七十五個國家和地區。「武術源於中國，屬於世界」的觀念已經逐步深入人心。

　　然而，我們仍然無法預料中國武術成爲奧運會正式比賽項目的時間，我們還有很長的路要走，作爲世界第一人口大國和競技體育強國，中國大陸從來沒有舉辦過奧運會，這是中國武術進軍奧運會一個很現實的困難，中國大陸與國際奧委會主席及國際奧委會的關係也是一個不容忽視的問題，中國大陸國力和中國大陸體育的實力更是一個主要的背景條件，中國大陸的體育和武術改革進程及其成果也會是一個影響中國武術進入奧運殿堂的最直接因素。掌握國際奧委會和奧運會選擇項目的規律是一個擺在眼前的現實課題。

　　對於目前的中國武術來說，要研究的最大問題恐怕就是如何以眞正的面貌走向世界的問題。但是，民族文化成爲世界大型活動的內容是需要付出代價的，一項民族色彩鮮明的體育文化要步入世界，不可能不進行某些適應世界需要的改革，這種改革不可能不對自身的文化特性有所抑制，這種代價包括必然要付出的和可以盡量避免付出的。它需要管理者和組織者

具有極高的世界體育文化和本民族體育文化的宏觀把握能力。

可以毫不隱晦地說，東、西方文化的交融和世界文化的發展趨向是擺在中國武術面前的最大問題。許多武術文化研究者認爲，當武術難以進入奧運會之時，換一個思維視角，可以考慮使東方人體文化國際研修大會和世界太極養生修煉大會成爲武術走向世界的主流。

此外，還有許多體育項目具有獨特的文化內涵，它們與足球、圍棋、武術一起共同構成了項目體育文化的組成部分。

中國的氣功是一種獨特的健身運動。其特點是練功者依主觀努力對自己的身心進行意、氣、體的綜合修煉，達到健身和防病的目的。中國氣功有醫、道、儒、釋等流派，它從多方面滲透到人們的思想、道德、美學、藝術、風俗等觀念形態中。從文化學的角度看，它對於中國人思維方式也產生了明顯影響，使得平和與內傾成爲許多人的致思形式，講究自我修煉和內在調理。宋代的醫學名著《聖濟總錄》等

論著都可以說明這一點。

　　印度的瑜伽（yoga）已經有五千年的歷史，瑜伽的梵文意思為「結合」，其理論認為：宇宙萬物存在著兩種基本物質：梵和我，其練功的目的是達到梵我合一。經過科學研究和實驗證明，瑜伽對於人體健康有顯著作用。從1976年起，印度的醫學科學研究所開始把瑜伽應用到臨床，不少患者稱自己的病有了「令人難以置信的好轉和痊癒」。印度著名瑜伽師基里・阿納達指出：「瑜伽的目標在於發展身心之間的理想平衡，使個人精神與宇宙達到融合。」

　　日本的柔道是兩人徒手較量的競技運動，能最有效地發揮自身的能力，攻擊和防守都講究以柔克剛、剛柔相濟，它對於日本民族的精神品質、意志修養等都產生了明顯影響。

　　中國的龍舟競渡也具有豐富的文化內涵，其根源是在對龍的崇拜思想，龍並不是實際的存在物，後來經過神化和綜合成了整個中華民族的象徵物，其具體構成不一，比較典型的說法認為龍由九種動物的不同部位構成：鹿角、

蝦目、狗鼻、牛嘴、獅鬃、魚鱗、蛇身、海螯、
雞脚。龍與舟的結合起於人們在生產中求龍神
靈的保佑所形成。早期的划龍舟與祭祀活動結
合緊密。有關龍舟競渡的起源不一，主要有三
種：一種說法認爲龍舟競渡起源於戰國時代楚
人爲紀念屈原而發起的；一種說法爲龍舟競渡
是東吳一帶人們爲紀念伍子胥而發；還有一種
說法認爲龍舟競渡起源於越王勾踐。各地龍舟
競渡的日期也不完全一致，但一般在五月，少
數在正月十五。隨著時代的發展，龍舟競渡逐
步將強身、娛樂、防病結合起來，成爲中華民
族團結奮發的拼搏精神和民族歸屬感的象徵。
如今龍舟比賽已經在世界許多國家得到了開
展。

第八章　東、西方體育文化的比較

一、對東、西方體育文化整體的比較

　　首先有必要在東、西方大文化的背景下，來認識東、西方的體育文化。

　　從歷史上看，東方文化的主要特徵爲大陸民族文化、農業社會文化、宗法制文化，影響到體育文化的特色爲禮儀爲主、道德先行；以靜爲主、動靜結合；養生爲主、修身養性。西方文化的主要特徵爲海洋性文化、工商文化、宗教性文化、尊重個體的理性文化，影響到體

育文化的特色為戰爭為本、強身健體；個體為
本、優勝劣汰；法治為本、公平競爭；全面為
本、三育並重。

　　一般說來，在東方文化中最典型的中國傳
統文化的顯著特點是宗法觀念與倫理思想，處
事講究「中庸之道」、「以和為貴」，儒道互補，
順其自然，反對競爭，且重視德教、強調友誼、
注重人治等，從而影響了中國傳統體育文化向
著娛樂性、表演性、禮儀性方向發展，注重個
人修養，形成以追求「健」和「壽」為目的的
民族內向性格，促進了以身心合一、動靜結合
的導引養生、武技的發展，然而卻使體育運動
中的競爭性受到抑制。西方傳統文化的顯著特
點是推崇個性、勇於探索，追求事物的多樣性
與矛盾性，善於思辨，多於理性，重於實踐，
講究法治等，從而影響西方體育向著競爭性、
驚險性、公開性、健美性、趣味性方向發展，
並使體育形成體系，注重人的全面發展，而忽
略了競爭的道德教育，容易產生殘忍和暴力。
總的看來，西方體育追求「強與險」，中國體育

追求「健與壽」。

　　具體分析，東方體育和西方體育的差異主要體現在下列幾個方面：

　　第一，在哲學思想、醫學基礎、審美觀念方面有顯著差異。中國傳統體育植根於「天人合一」、陰陽、八卦、五行理論等之中，而西方體育在西方哲學重外在、分析，重與自然的對抗等觀念的指導下形成和發展；中醫整體觀重人體自身的統一性及與自然界的和諧，帶有某種經驗、直覺、模糊的性質，西方體育是科學實驗、解剖學、生理學、現代醫學等的綜合運用；中國傳統體育重節奏、韻律、神韻、內涵、和諧美，重朦朧、抽象、含蓄美，而西方體育講究陽剛的力量、速度之美，重外在、形體美。

　　第二，東方體育透過身體鍛鍊來以外達內、由表及裡、由形而下的身體有形的活動，來促成形而上的無形精神的昇華，實現理想人格的塑造，透射出十分明顯的重人格傾向；西方體育則重人體勝於重人格，注重人體本身的價值，更講究從人體的培養上來考慮體育的價

值，透過讓人在肌肉的運動中，在各種力的交匯中去實現完美人體的塑造，進而實現理想的人生。

第三，目的和檢驗標準不同。西方體育的目的是爲了提高人體的速度力量、使用技巧等，總的要求是速度要快，力量要大，使用技巧要高。奧運會的項目大多體現出這個特點。各個項目盡量採用客觀的檢驗標準，用科學的量化來檢驗運動成績，規則也與之相應地明確，如速度、重量、長度、高度和準確度，諸如田徑、舉重、射擊等；而持物進行比賽則用進球或擊中得分的辦法來檢驗，這類項目的規則一直在修改，如排球的持球與觸網，籃球和足球的各種犯規規定。總之，限制和尺度經常在變化，以求運動更加合理，更加客觀地評價運動員的水準。第三類屬於個人表演，讓衆多裁判按規則評分，進而求出平均值作比較。體操、花式游泳、跳水屬於這類。武術的套路表演也屬於這類。第四類是人體直接傑出的對抗類型，因爲直接涉及到充分發揮運動員的水準

　（打得狠），又要盡量減少對運動員的傷害（少
受傷），所以矛盾不易解，規則也不好制定。現
在的辦法一是採取護具減少傷害，如拳擊的護
具和柔道摔跤的地毯，二是使技擊單一化，減
少技擊複雜程度。可見，西方體育運動目的突
出鮮明，規則嚴格而準確，規則必須能交付裁
判公平執行，實現對運動的檢驗評判。

　　　中國傳統體育剛好與此相反，規則極不全
面細緻與完善。武術和氣功追求的目標廣泛，
祛病養生，治病延年，健身益壽，陶冶性情，
自衛技擊，還有職業需要的業餘武術和氣功教
練等。而制定有檢驗標準的只有國家定的武術
裁判規則，散手規則和推手規則，占武術和氣
功項目的極小部分，其檢驗標準很難規範、分
類、單一、直觀和數量檢驗化。西方體育的基
本術語是物理性質的，強度、密度、節奏、負
荷、彈性等，西方體育的最終結果是物理學範
疇，旋轉速度、高度、遠度、造型，在社會心
理上與人類生活需求密切相關和契合，中國傳
統體育則對當前的身心割裂等具有獨特價值。

　　第四，質量和效果不同。西方體育項目自事件、地點、人物、成績等諸多要素都有史可查，而東方歷史上競技運動大多是民間的遊樂活動，在民間屬於流傳和不準確的記載，許多東方的武術技藝屬於模糊傳承與記載。武術、武功、武德屬於武術文化三層次，武術多指技術動作，爲運動的基本形式和特徵，爲運動的主體；武功多指運動技術所需要的能量，這方面的修養多與自然界溝通、協調，達到天人合一和天人感應；武德多指社會倫理道德，將習武之人溶入社會禮儀、道德規範之中。這顯示了中國武術文化的整體思想，對其人產生的質量和效果是難以與西方體育對人的顯性作用相比的。

　　從整體上看，東方傳統體育文化顯示出內斂和內傾性特徵，其主要原則是整、圓、靜、和的有機組合。在整體、圓融、靜蘊、調和的層面上體現出對人的生命和身心潛能的開發與實現；西方體育文化則體現出外展和外延性特徵，其主要思想核心是分、線、動、激的整合

方式。在分解、線性、動感、激越的層面上體
現出對人的生命和體育能力的挖掘與展示。

二、對東、西方體育文化幾個典型的比較

在東方體育和西方體育的大類中，中國和
日本體育文化具有十分鮮明的個性。

中國傳統體育是在自給自足的自然經濟基
礎上發展而來的，這決定了它的功能與經濟的
相對背離，沒有更多的依附性，它不像西方體
育那樣對場地器材有很多的要求。中國文化的
諸多精神內涵也對體育文化產生了影響。中國
傳統哲學觀念對體育文化具有不少消極影響：
兼愛非攻對於強弱對立和勝負必分的體育競技
的消極影響十分嚴重；中庸之道與追求超越的
體育精神背道而馳；以靜爲美，對靜的過分追
求非常不利於體育運動的「動」。

但是，中國傳統文化的剛健自強、文武兼
備、剛柔相濟、身心並完的積極進取的思想態

度和愛國主義精神卻促使傳統體育蓬勃發展，
呈現出百花齊放的爭艷景象。儒家思想對中國
傳統體育的影響主要表現在：使體育活動的開
展比較健康（體育活動中一般沒有淫穢、怪異
和粗野的動作；模仿動物姿態的舞蹈、倒立、
男女混雜、婦人裸露肢體的運動項目，一般都
遭到社會輿論的批判；如同西方的瘋狂動作等
紀錄鮮見；危險、野蠻的活動不能發展；體育
運動的蠻拙精神受到抑制）；限制了婦女體育
的發展，造成男女體育發展的不平衡；使體育
運動在人們的心中沒有正確的地位，造成體育
理論研究的薄弱；使軍訓項目在娛樂表演活動
中得到更為迅速的發展。崇尚文明、肯定人為
萬物之本，倡導主體道德人格理想的人文主義
精神，使中國傳統體育遵循人際的和諧要求而
發展，中國文化的求道精神使傳統體育成為自
我道德修養的一種手段和方法。等級森嚴和不
平等的體育競賽，一方面制約了體育競爭公平
意識的發展，但卻使得中國古代的體育在形
式、方法、戰術等方面獲得了多樣化的發展，

中國武術的眾多門派和大量暗器的產生都與不平等競技煥發出來的創造潛力有關。

日本在封建社會裡走的是專制政體、農耕形態與以儒學為主流的道路，受到中國文化廣泛而深刻地影響。秦漢至南北朝時期，中國的鬥雞、棋戲等傳入日本，公元645年大化革新後，中國的武藝、歌舞和足球、秋千、投壺、圍棋等體育項目也大量傳入日本。在這樣的背景下，日本民族形成了靈活善變、富於進取、模仿性強的性格特徵。體育文化隨之出現了崇尚道德和內在修養以及群體意識鮮明的特徵。近代以來的局勢發生了變化，特別是1868年明治維新以後，日本不再較為被動的接受中國文化，而是開始積極主動地接納西方文化，兵操和大量西方體育項目，很快被日本吸收並取得優異成績，使得日本體育在亞洲的優勢立顯。第二次世界大戰以後到60年代，日本整個社會文化的核心是增強民族的凝聚力和培養艱苦創業精神，競技體育（尤其是參與奧林匹克運動會）成為振奮民族精神的手段。70年代以來，

日本的保健和娛樂體育勃興，國民的健康水準明顯提高，體育經營也不斷發展，體育步入了良性循環的軌道。主要的缺憾是在國際競技體育中的成績下降，有研究者認為這與日本民族「恥感文化」心態有著密切的關係。當然，經濟高速發展帶來的享樂心態渙散了人的鬥志，應該也是一個主要原因。

日本著名人類學家鈴木大拙指出：「武士道精神的核心來自於禪」，禪在道德上要求武士「忠孝仁義」，在哲學上告誡武術「萬物皆空」。禪的修行單純決斷、克己，禪的一整套哲學思想使得日本武士最崇尚的不是劍刃的犀利，而是對世間靈性之物的「寬恕」與「仁愛」之心。

有一個典型的例證頗能說明中、日體育文化的差異。在進行激烈的、事關重大的比賽前，中國會出現運動員過度緊張甚至逃避比賽的情況，而日本往往會有在重大比賽失利後過份自責甚至自殺的運動員。兩種不同的體育文化心態其實蘊涵了深刻的民族文化精神。

　　美國和英國體育是西方體育文化中個性突出的類型。

　　美國是一個重視實用的民族，實證哲學是美國現代社會發展的理論基礎，實用主義是占主導地位的價值觀。因此，培養所謂「獨立精神」和創新意識的應用體育人才一直是美國體育的主流，個人主義、自我實現倍受推崇，重術輕學的文化傳統支配著體育的發展目標。80年代初，日本學者新井節男的《健康文化體育學》一書在談到體育的文化性格時說：「美國人在開發西部中形成的拓荒精神，培育了富有行動的個人主義的思考方法，也產生了重視勝利、實用第一、追求效率的思想，爲了保護個人的自由與權力而接受周圍衆多人們的審判的習慣等等」。

　　目前，美國以職業體育、大學體育、娛樂體育和體育產業化的發達，在世界上樹立了自己幾乎至高無上的地位，形成了體育文化良性環境和協調發展的機制，成爲世界體育文化發展的典範。當然，儘管美國有令世界心馳神往

的NBA和棒球聯賽等傑出體育文化的典型，但美國體育在足球這個「世界第一運動」方面的水準與其世界體育大國的地位還不相稱。美國體育文化也並非沒有瑕疵。

英國雖是早期資本主義最為發達的國家，但在體育創辦之初就深受古代「博雅體育」文化傳統的影響，培養競技場上的紳士，追求人格的完善和自我價值，崇尚純競技的價值。由於在近代史上形成了戶外競技運動，而且隨後大量傳向世界各地。英國的近代體育在世界處於顯著的領先地位，在殖民的過程中，英國體育文化對中國、印度等國家的滲透達到了空前的程度。英國體育文化的紳士風度也十分突出，參與體育時的自豪感強烈。

由於目前世界上流行的許多體育運動項目都是英國人首先創造或者經過英國人改造而成為正式比賽項目的，因此，英國人在國際體育領域中的地位較高。比如，英國的英格蘭、蘇格蘭、威爾斯、愛爾蘭可以各派一支足球隊參加世界杯足球賽的預選賽，這在世界上是唯一

的特權。還有，英聯邦運動會的劇本以及澳大
利亞、南非等國家的參加，都顯示出英國體育
在今天仍然保留了強盛時代的一些風範。當
然，隨著近年來世界體育的發展，英國在奧運
會上的成績滑落，在國際體育組織中地位降
低，作用減弱。可以預言，世界體育的民主化
和多極化進程將使英國體育的風光不再像以往
那樣突出。

　　有一個很有趣、但並不妥當的說法。中國
人像打麻將，自己糊不了也爭取不讓別人糊；
美國人像打橋牌，密切配合爭取共同取勝；日
本人像下圍棋，寧可犧牲局部利益也要爭取集
體的勝利。這也許多少能夠說明一些中、美、
日三國的民族心態或者體育文化個性吧！

第九章
體育文化的未來

一、當代世界體育文化面臨的社會文化背景

反思人類的發展，二十世紀可能是人類歷史上最爲複雜壯闊的世紀。從來沒有一個世紀能像二十世紀這樣，如此深切、如此廣泛地改變了人類已有的行爲方式、思想方式、生活方式。在這個世紀，人類開始消除世界戰爭、霸權、大國政治、封閉和區域性發展，迎來了和平發展的新世紀。與此同時，人類的物質生活日益豐富的同時，也出現身心割裂和身心錯

位。對物質的追求和對自然界的極力索取，帶來了精神的空虛和環境的污染，而高度組織化的運動使得人的自由受到限制，高技術密集的生產和生活使得人的本能和自然力日益匱乏，日益理性化的生活方式使得人類的感性生命倍受壓抑。這一切都說明，二十世紀在獲得巨大進步的同時也面臨著一系列的困惑和抉擇，人類無可迴避地必須作出自己的明智選擇。難怪目前世界上一度持否定態度的後現代主義，也加緊從建設性的角度提出建議，目前的「可持續發展」（sustainable development）也成為人類的新課題。

我們深知，人類若是走向強大，便要有節制地控制強大；人類若是走向高速度，便要使這種高速度有益於人類的全面發展；人類若要走向高級化，便要使這種高級化讓人平等地擁有。

在這樣的社會文化背景面前，世界體育文化面臨的任務更加艱巨，它的發展取向將與人類的前景密切聯繫起來。

二、世界體育文化的未來發展趨向

㈠體育文化在體育的歷史流程中確立體育的歷史文化特性與地位

　　惠蜀在《體育哲學》一書中指出：人們按照怎樣的方式在活動（包括生產勞動活動和其他活動），對人的身體狀況的改變產生著最重要、最直接的作用。因此，人類的體質並不能簡單地理解為與人類文明的進步具有同步性，而關鍵在於不斷改造人的活動以及活動的性質是否有利於人的身體機能的發展。

　　作為一種人類改造自身的文化產物，體育是人類創造的結晶。從方式上看，體育利用外在的工具、動物、機械進行體育運動的發展過程，就是人類歷史不斷進步的一個寫照。在這個過程中，人類和外部因素的結構進展到了一個全新狀態，即從二元結構進展到三元結構，

就是人──工具──對象的結構。在這三元結構中，工具不是獨立形態的個體，工具的作用就在於透過它而實現了主體與客體的分化和統一。所以從運動方式上看，體育運動目前的發展態勢已經進入了一個嶄新的階段。

　　然而，人越是遠離自然，反而越是感覺到自身作爲自然存在物的可貴。在人的能力全面發展並運用各種能力體系去改變自然環境的過程中，人們利用創造的技術力量不斷成爲勝利者。技術的飛速發展造成人類在一段時間內難於對技術本身進行調整和控制。這樣一來，技術也就有可能擺脫人類自覺的掌握，在給人類帶來高度文明的同時，也造成了無窮的公害。在人類歷史上，普遍的生產活動中，機器奴役人的現象是很多的，體育作爲相對外在於物質生產的一種文化活動，在避免自身成爲奴役人類的同時，已經成爲人類矯正和擺脫機器束縛的主要文化類型。

　　在人類體育歷史的長河中，原始時代的狩獵、採集、捕魚、巫術、舞蹈、祭禮賽會等活

動是他們維持生存的必要條件，其中蘊涵著諸
多體育文化的基因。奴隸社會和封建時代的專
門性體育文化的胚胎已經成型，古代奧運會和
中國西周的射禮、軍事體育和宮廷、民間娛樂
體育，構成了古代體育文化的主要內容。進入
近代，資本主義工業革命和文藝復興等思想解
放運動促發了近代體育，正規的國際體育競賽
和其他各類體育文化活動蓬勃發展。第二次世
界大戰以後，世界體育文化更是出現了以奧林
匹克文化為核心的世界體育文化體系。1894年
誕生的現代奧林匹克運動會從初期的「無人理
會」到艱難生存，從危機四伏到改革轉機，已
經成為薈萃人類優秀體育文化精華的一支奇
葩。可以預言，奧林匹克文化更將以其對體育
本質的深刻揭示和全面展示，確立自身在體育
歷史文化流程中的核心地位。以奧運會為核心
的高質量體育文化的集中展示，國際奧委會、
國際單項體育聯合會、國家和地區奧委會的完
備和嚴密組織，奧林匹克主義、精神和理想的
深入人心，都體現了奧林匹克文化在當今世界

體育文化中的無可替代、不可缺少的核心地位。奧林匹克文化幾乎成爲當前世界體育文化的代名詞。

㈡體育文化在體育的空間範圍內拓展世界體育文化的發展空間

　　當體育文化行進在人類歷史長河中的同時，社會也對它施加了諸多影響。體育文化逐步成熟的過程，可以說就是它日益協調與其他社會文化的過程。因爲在這個過程中，體育文化將獲得更加寬廣的發展空間和外界支持。

　　原始社會的體育在生產、娛樂、祭祀中萌芽，與其他社會文化同處於一體化階段。奴隸社會和封建社會的體育步入了與其他社會文化並行的階段，軍事、教育、娛樂等的發展極大地賦予體育文化發展以動力。到了近代，在文藝復興和工業革命等推動下產生的完型結構意義上的體育文化，已經極大地拓展了自己在人類文化中的生存發展空間，逐步協調了獨立於社會文化之外和依附強有力的社會文化的關

係，成為近代整個社會文化領域中獨具特色的
一部分。多種的運動競賽在城市社會和居民生
活中占據了舉足輕重的地位。

今天在世界影響深遠的奧林匹克運動會，
在早期的國際社會中幾乎處於完全從屬的地
位，第二屆和第三屆現代奧運會淪為商品博覽
會的附庸，直到本世紀初，奧運會依然受到政
治、軍事、戰爭、經濟等的消極影響。當前，
奧林匹克運動不僅逐步擺脫了被動依附社會文
化的處境，而且積極地投入了鍛造先進社會秩
序的活動中。1995年聯合國五十週年紀念會
時，國際奧委會主席薩馬蘭奇表示了大力參與
國際社會事務的態度，體現了奧林匹克運動對
有關人類命運的積極態度。最近幾年來，世界
和平、環保、健康等組織也加強了與國際奧委
會的合作。奧林匹克運動正顯示出調節社會文
化的巨大潛力。

首先是東、西方體育文化將走向融合。東
方體育文化和西方體育文化，一個是整體過分
的森嚴，一個是自我過分的膨脹；一個是充分

蓄存體能融個體於整體之中；一個是充分發揮
體能創造個體的極限；一個是人類能力發展的
汪洋，一個是社會進步的物質生產的巔峰。隨
著人類價值觀念從「以物爲中心」到「以人爲
中心」的轉變，隨著奧林匹克運動對世界優秀
體育文化的接納與改造，隨著世界體育民主觀
念的強化，人類體育文化將進入東、西方交融
的二十一世紀，從而步入未來人類社會發展眞
正的自由領域。西方體育觀念「和平與友誼」、
「公平競爭」、「體育爲大衆」、「參與比取勝更
重要」等將爲東方體育所吸收。而東方體育中
的倫理道德觀、健康長壽觀、自然養生觀、形
神相關論、動靜相關論、人天相關論等構成的
整體體育觀，也將被西方體育不同程度地接
受。奧林匹克運動將在這個交融過程中實現自
身的空間拓展；國際體育交流與合作將在這個
過程中更加完善。

　　城市體育和農村體育都將得到更大的發
展。走向二十一世紀的現代化城市應該是新材
料、新能源和訊息技術三大現代科技所支撐起

來的文明大廈。同時現代城市文明所包容的文明環境、文化生活方式和發達的文化教育事業都將爲體育活動的開展提供了更多的機會。城市體育文化對農村的滲透，農村經濟條件的改善和體育觀念的進步，城鄉聯繫的頻繁和城鄉概念的淡化，都將爲農村體育的發展創造條件。喜慶和節令娛樂乃至專門的擧村運動競賽活動將成爲農村體育的主要形式。居住人數相對少的少數民族地區也將逐步把自己的體育文化推向人群密集聚居的城市中，當然這個過程是雙向的。

婦女體育將受到更大的重視，從而在世界範圍內擴展婦女參與體育的權利。國際奧委會1995年9月26日在瑞士洛桑召開的一個爲期兩天的有關婦女與體育的會議上決定，國際奧委會將對其決策機構的性別組成結構進行調整，以便在今後五年內使婦女所占的比例不低於10％，在十年內提高到不低於20％的水準。國際奧委會宣稱此擧旨在推動婦女在世界體育運動行政管理和各體育機構中所發揮的作用，國

際奧委會指示其所有會員國在2000年12月31日
前實現制定的婦女名額比例10%的目標，在
2005年12月31日達到婦女名額比例20%的要
求；國際奧委會還強烈要求各國際單項體育聯
合會和各國家體育機構以及各類體育機構增加
婦女參與體育行政管理的機會。1996年7月，國
際奧委會正式通過了這一決議。今後婦女參與
體育的趨勢將是更加迅猛的。

㈢**體育文化在人類文化的領域裡填平人類感性**
　　與理性的鴻溝

　　　惠蜀在他的《體育哲學》一書中說：體育
可以說是以最直接的感性實踐方式成爲人的發
展這一宏偉交響曲中的主旋律。這闡明了體育
文化在人類文化發展進程中的核心作用。

　　　從當前的形勢預測，作爲人類情感和思想
領域裡的一面旗幟，體育文化將在下列幾個層
面獲得更大的發展：

　　　第一，促使健身、娛樂、社會交往、審美
等人類基本需要的融合。工業化帶來人的異

化，以及訊息化時代使人步入單調的生存環
境，造成了人類身心的分離、與外界環境的錯
位，生活目的與手段的背離。於是人們需求更
輕鬆和廣泛的社會交往、更有情趣的健身活
動、更加和諧的娛樂活動、更加新穎和多元的
審美活動，體育文化正好可以在同一個層面上
實現人的這些多樣化需求，爲人的全面而自由
的發展創造條件。

　　第二，加強與文藝的交融，呈現更加鮮明
的藝術化趨向。作爲人類精神創造的文化類
型，體育文化和文藝的差異大多十分明顯。體
育文化在易理解性、參與性、場面和規模宏大
性等方面是文藝不可媲美的。但體育的起點低
和服務對象廣的特性，使得它具備了利用其他
幾乎一切的文化方式實現自身價值的優勢。當
前，在美國的許多企業家打算將贊助轉向文藝
的時候，體育文藝化趨向越來越鮮明。體育文
藝的出現就是體育藝術化的具體體現。花式溜
冰、花式游泳、花式跳傘、自由體操、藝術體
操、跳水等藝術性較強的競技運動項目的興

盛，改變了人們的體育價值觀，使得體育生命
力與藝術活力有機結合，促使了人類精神結構
的變化，完善了人類的精神世界。

　　第三，注重與環境的和諧，提倡綠色體育。
人類文明的飛速發展帶來了生活節奏的不斷加
快，加重了人們的生理和心理負荷，爲了紓解
神經的緊張和疲勞，爲了獲得或增強某種生理
機能適應社會生活的節奏，人們迫切需要尋求
一個「世外桃源」，求得一種精神享受和融入自
然、超越世俗的感覺。世界各國廣泛開展的休
閒體育或快樂體育、戶外體育、野遊都是例證。
回歸大自然已經成爲一種時尚，在大自然中盡
情地抒發和放鬆自己的身心成爲綠色體育的主
旨。它使人們在擁抱美麗大自然的同時獲得體
育的享受。

　　第四，對高度組織化的反挫，興起了自我
體育。高度組織化是現代社會發展的一大標
誌，但同時也剝奪了個人的許多自由與發展的
機會。隨著社會經濟的發展和價值觀念的轉
變，以及社會階層的分化，人們的自主性逐漸

增強。社會的多元價值觀中個人主體觀念日益
突出。一種以自我爲中心，個人鍛鍊或集體鍛
鍊中的個人中心傾向明顯的體育行爲在世界各
地興起。這是對高度程式化運動競賽的一種自
我補充和反挫。大量冒險、新奇、個人養生類
體育項目深受歡迎的狀況，預示了自我體育的
發展方向。它與正規的競技體育共同構成人類
體育文化的新體系，這其實是競技體育與健身
娛樂類體育分流的主要標誌。

三、海峽兩岸體育文化的交流

　　從歷史上看，大陸和臺灣存在明顯的體育
文化勢差。由於兩岸隔絕幾十年，加上大陸對
競技體育的重視程度強於臺灣，兩岸的競技體
育水準相差很大。臺灣至今沒有獲得一枚奧運
金牌，而大陸在短短的十多年中已經奪了五十
二枚金牌，並且在二十三、二十五、二十六屆
奧運會位居奧運會金牌榜的第四位，顯示出在

國際體壇的強勁競爭力。臺灣則只有少數項目實力較強，六十年代和七十年代的紀政和楊傳廣之後，體育明星罕見，只在女子壘球、跆拳道、乒乓球、棒球等少數項目在國際賽場有較強實力。

海峽兩岸交流大體經歷了三個階段：1949年中華人民共和國成立──1979年9月雙方為爭奪在國際體育中的合法地位互相排斥。1979年10月中國大陸恢復在國際奧委會和其他國際體育組織中的合法席位以後──1989年4月，海峽兩岸選手在第三國或第三地同臺競技。1980年發生在臺北桃園機場的臺灣民航熱心幫助大陸乒乓球運動隊的感人事件，也說明了兩岸體育交流的良好前景。1988年7月臺北奧委會根據當局通過的政策，允許「參照國際奧委會的規定論理海峽兩岸與國際性比賽事宜」的原則，作出了參加第十一屆亞運會的決議，1989年4月17日，臺灣派隊參加了在北京舉行的亞洲青年體操賽，成為第一個到大陸參加比賽的臺灣官方體育代表團，從此邁開了兩岸體育交流實質

性進展的步伐。1990年亞運會更是標誌著兩岸
體育交流的深入，1997年3月中國大陸的奧運會
金牌選手代表團到臺灣訪問七天，進一步促進
雙方的體育文化交流。

　　兩岸的體育文化交流將引起連鎖反應。臺
北奧委會秘書長李慶華曾經說：「兩岸體育交
流對臺灣體育界是一件大事，今後交流方向不
會變。」體育作為一種特殊的「國際語言」和
「身體語言」，在兩岸的交往中扮演了重要角
色。紀政與倪志欽切磋技藝，林海峰與聶衛平
對弈，大陸桌壇名將滕毅赴臺灣訪問，1988年
奧運會乒乓球女子單打冠軍陳靜加入臺灣乒乓
球隊，為臺灣爭得了許多榮譽。這些民間體育
交流促進了相互瞭解，增進了兩岸人們的友
誼。官方的體育交流也日漸頻繁。

　　體育文化的公開性、透明性及其帶來的價
值共識是交流的基礎。鄧小平曾經說：「是社
會主義大陸吞掉臺灣，還是臺灣宣揚的『三民
主義』吞掉大陸？誰也不好吞掉誰。」

　　展望今後的趨勢，隨著體育文化輻射力和

滲透力的加遽，兩岸體育文化對制度、意識形
態、經濟等將產生具有強大的輻射力和滲透
力。再加上海峽兩岸有相同的血緣、語言和民
俗等，地域的界限和政治分歧與經濟差異和軍
事對立將得到淡化，雙方的體育文化交流將會
衝破人為藩籬，順應體育文化傳播與交流的規
律，由間接轉為直接，由地下轉入公開，由零
散的交流轉為有計畫的「官方的、正式的」交
流，交流地點也會從第三地為主轉向在大陸或
台灣為主的趨勢，交流的項目將增多，大陸的
教練和運動員將更多地進入臺灣，雙方交流的
內容增加，頻率加快，而且將帶動其他文化的
交流，進而實現海峽兩岸的全方位交流，並且
為中華文化的世紀性振興作出突出的貢獻。

參考書目

1. 瞿金錄，燕振科，《太極名家談真諦》，北京：中國廣播電視出版社，1992年版。

2. 周西寬等，《體育學》，成都：四川教育出版社，1988年版。

3. 王仲明，金延，《奧運經濟大觀》，成都：成都出版社，1992年版。

4. 越客，《戎馬文化》，瀋陽：遼寧教育出版社，1996年版。

5. 閻泉，《江湖文化》，北京：中國經濟出版社，1995年版。

6. 劉松來，《養生與中國文化》，南昌：江西高校出版社，1995年版。

7.　　徐岱，《藝術文化論》，北京：人民文學出
　　　版社，1990年版。

體育文化　　　　　　　　　　文化手邊冊 39

著　　　者／易劍東
出 版 者／揚智文化事業股份有限公司
發 行 人／葉忠賢
執行編輯／鄭美珠
登 記 證／局版北市業字第 1117 號
地　　　址／台北市新生南路三段 88 號 5 樓之 6
電　　　話／(02)2366-0309　2366-0313
傳　　　真／(02)2366-0310
印　　　刷／偉勵彩色印刷股份有限公司
法律顧問／北辰著作權事務所　蕭雄淋律師
初版一刷／1998 年 8 月
定　　　價／新台幣 150 元

南區總經銷／昱泓圖書有限公司
地　　　址／嘉義市通化四街 45 號
電　　　話／(05)231-1949　231-1572
傳　　　真／(05)231-1002
ISBN　957-8446-85-3
E-mail: ufx0309@ms13.hinet.net

國家圖書館出版品預行編目資料

體育文化 ＝ Physical culture / 易劍東著. –

初版. -- 台北市：揚智文化, 1998 [民 87]

面； 公分. -- （文化手邊冊；39）

參考書目：面

ISBN 957-8637-85-3（平裝）

1. 體育

528.9 87008643